好妈妈不娇不惯
培养女孩300个细节

（插图版）

杨颖 / 编著

成都地图出版社

图书在版编目（CIP）数据

好妈妈不娇不惯培养女孩 300 个细节：插图版／杨颖编著. —
成都：成都地图出版社有限公司，2020.11（2023.10 重印）

ISBN 978-7-5557-1492-7

Ⅰ．①好… Ⅱ．①杨… Ⅲ．①女性－家庭教育 Ⅳ．①G78

中国版本图书馆 CIP 数据核字（2020）第 225168 号

好妈妈不娇不惯培养女孩 300 个细节（插图版）
HAO MAMA BUJIAO BUGUAN PEIYANG NÜHAI 300 GE XIJIE（CHATU BAN）

编　　著：杨　颖
责任编辑：王　颖
封面设计：松　雪
出版发行：成都地图出版社有限公司
地　　址：成都市龙泉驿区建设路 2 号
邮政编码：610100
电　　话：028-84884648　028-84884826（营销部）
传　　真：028-84884820
印　　刷：三河市众誉天成印务有限公司
开　　本：880mm×1270mm　1/32
印　　张：6
字　　数：136 千字
版　　次：2020 年 11 月第 1 版
印　　次：2023 年 10 月第 5 次印刷
定　　价：36.00 元
书　　号：ISBN 978-7-5557-1492-7

前　言

　　有人说：拥有女儿是上天对你的恩赐。

　　对女儿和儿子的教育有所差异，女儿可能需要父母更多的关爱。同时，父母也要有一套科学而系统的教育理念来培养自己的女儿，走进女儿的世界，扮演好女儿的引导者和保护神。

　　家庭是女孩人生中的第一所学校，父母是其第一任老师，父母的言传身教对女孩的智力、性格、心态、习惯、能力、品德等都有着重大影响，甚至可以决定女孩的一生。女孩将来会成为什么样的人，成就怎样的事业，掌握多少财富，建立怎样的家庭，收获怎样的幸福，其父母往往起着决定性作用。因此，要想给女儿一个美好的明天，就要精心培育她。没有不完美的女孩，只有不会教育女孩的父母。教育女孩的前提是要了解女孩，如果连她心里想什么都不知道，教育又从何谈起？想让女儿健康成长，父母就要成为女儿的朋友。但是，"了解"两个字说起来容易，做起来却很难。究竟怎样才能走进女儿的内心世界呢？

　　首先，要了解不同年龄段女孩的心理特征。如：0～7岁的女孩，喜欢遐想，渴望得到父母的关注；8～12 岁的女孩，容易激动，缺乏稳定性，喜欢以自我为中心；13～16 岁的女孩，叛逆，但又有一颗脆弱的心……其次，父母要把女儿看作一个独立、平等的个体，这样才能和她进行有效的沟通，在沟通时还要注意避开一些有可能伤害女儿的盲区。最后，父母要体察女儿真正需要什么，如需要安全感、需要与人交往、需要被信任等。

通过阅读本书，你可以轻松地走进女儿的内心世界，更加深入地了解其心理状态，从而有效地解决女儿成长中的烦恼。比如在教育女孩的过程中，父母要了解女孩的性别特征，依据女孩的特点和个性进行教育，也就是所谓的"性别教育"。

不打不骂正面管教，给孩子最好的规矩、最好的爱！本书介绍女孩的心理、性格、气质、品质、才艺、学习兴趣等方面的培养方法，指导父母教出有气质、有学识、有魅力的优秀女孩。

2020 年 8 月

目　录

第一章

关注女孩的成长

荷尔蒙是女孩成长的魔法师

　　女孩在发育时，荷尔蒙的作用非常重要，它的含量甚至能决定女孩的性格。 从妈妈怀上女宝宝的那一刻起，女性荷尔蒙就激活了女性染色体基因，它们便开始发挥影响女孩成长的重要作用。 比如它能使女孩的性格变得安静、体贴、细致等。 所以在孩子成长阶段，家长要了解女性荷尔蒙在女孩成长过程中究竟发挥着什么样的重要作用。

　　所谓荷尔蒙就是人们所称的激素，它对人体的代谢、生长发育及繁殖等都有很大的影响。 有一些受体存在于女孩的大脑中，人体的正常运作需要每个细胞的配合，而细胞的生命活动离不开激素对大脑受体（像雌激素受体、黄体酮受体、睾丸激素体等）的激活，而荷尔蒙就是激素的一种。 它通过控制神经细胞，进而操控着女孩身体内部的活动，然后间接对女孩的性格、脾气、情绪造成影响。

　　由此可见，荷尔蒙对女孩的影响作用巨大无比。 女孩的喜怒哀乐，说话的语调和语速，面对感兴趣的人的表现，社交需求，调节情绪的方法……这些都与荷尔蒙有关。 即使是荷尔蒙中不太重要的催乳激素，对乳腺和泪腺的生长发育以及乳汁的分泌作用却很大，它还能让女孩变得多愁善感。 另外，一种重要的荷尔蒙是雌激素，它还与传递地位很重要的四种神经递质（或者神经细胞）有着密切的联系。 女孩的大部分日常生活能力，如记忆力、理解力、控制力等也都跟它有关。

总之，荷尔蒙作为女孩身体当中的一种共有物质，它对女孩的性格、习惯、行为等都有重要影响。 所以在培育女孩的过程中，父母要重视荷尔蒙的作用。 详细来说，要仔细观察以下几点：

1. 看到女性特征的长处和短处

女孩体内的雄性激素低于男孩，因而她们不爱冒险，控制欲也相对较弱，所以有人说教育女孩要简单得多。 可是女孩的内心比较脆弱，还十分注重细节，所以家长应该在细节上多下功夫，否则一点小差错都可能严重妨碍到女孩的正常成长。

女孩的性格偏文静些，没男孩那么爱争强好胜，所以她们希望生活安稳、平静。 而且她们也非常重视友情和亲情，想尽可能得到父母更多的爱，得到更多的友谊。 所以家长应该更加重视女孩成长过程中的细节问题，还要教给她们一些为人处世的道理。

2. 帮助女儿提升心灵的"痛点"

女孩总喜欢把大家的关系在心中理想化，但是现实不会像她想象的那样完美，这种不完美又会伤害女孩。 例如，女孩会觉得在父母心中，自己是最漂亮最棒的小公主，可爸爸却形容："我的女儿像只活泼的小兔子。"其实爸爸是想夸她机灵，但也许女孩不想爸爸这么形容她，她会认为爸爸不喜欢她才这么说，并会因此而难过很长时间。 要是爸爸说"活泼可爱的小兔子最惹人喜爱了"，女孩就能真正理解爸爸的意思。

普遍来讲，女孩的想象和现实相差越远，她的内心就越脆弱，外界的波动对她的影响就越大。 所以家长应该教导女孩正确认识现实。 如让女孩独自去面对困难，家长可适当帮助，以便让她们更好地接受现实。

3. 告诉女儿妥协和坚持的时机

因为睾丸激素在女孩的体内含量不高，所以她们常常采取妥协的办法，就会表现得有些软弱。 因此一旦利益与关系的维持有了冲突，许多女孩都会选择放弃利益。 所以家长要帮女孩分清该妥协什么，该坚持什么，引导女孩树立正确的标准，她就不会困在情感中无法自拔了，也不会轻易受伤害了。

女孩受荷尔蒙影响时，结果不论是正面还是负面，家长都无法控制，不过家长可以帮助女孩取长补短，以降低荷尔蒙的影响，使女孩的身心更加健康。

让女孩了解自己的身体

　　明智的母亲会在女儿小的时候就引导她认识自己的身体。让她了解到男女有别，对性别有所判断，进而让她全面认识自己。 此外，还要教会她身体各个器官的位置及名称，方便生病的时候能准确说出哪里有问题。 当女孩逐渐成熟，这种对身体的认识发挥的作用也越来越重要。

　　一般来说，女孩从 11 岁左右开始发育。 在发育之前，外表特征没什么变化，只是体重会增长。 开始发育后，青春期的性特征也开始显现出来。 乳房从这时开始发育，一直持续到青春期结束；阴毛开始生长，并且越来越密；生殖器官逐渐成熟；初潮也会随之而来。 这一时期身体的其他部位也在发生改变，像声音、骨骼、血压等都会不一样。

　　要女孩对身体有所认识，就要帮助她们既认识外在的变化，又要从内认识各个器官的不同，进而培养健康的生活习惯。 所以建议家长注意以下两点：

1. 让女孩了解自己发育的原因

卵巢是女孩发育的起点。 出生后的女孩就拥有许多原始卵泡存在卵巢中，在幼儿时，激素就由性腺释放出来。 乳房和生殖器最先受雌激素的影响开始发育。 到了青春期，输卵管粗壮起来，阴道更宽，子宫也变大。 同时开始出现其他性特征，比如音调、乳房、乳头变化就很明显，私密部位开始生长毛发，在阴阜、肩、胸、臀部、骨盆等部位会堆积脂肪，女性的曲线由此产生。 女孩就是这样逐渐完成发育的。

在身体发育的过程中，心理也会随着身体产生变化。 若是父母不关注孩子的这些变化，可能会让女孩产生不少心理问题。 这一时期，孩子对自己身体的变化还是有些迷茫，出于胆小和害羞，她们也不会向其他人寻求帮助。 她们的内心就会十分困惑，进而会严重影响她们的健康状况，使得她们变得自闭起来，解决问题时所用的方法也许还是错误的，甚至会对身心健康带来严重伤害。

因此，父母在女儿的成长过程中，要积极主动地承担好自己的职责。 还要帮助女孩正确地认知自己，让她理解身体的自然变化，让她知道任何一个女孩都会有同样的经历，以便让她们摆正自己的心态来面对成长发育时的一些问题，这样才能让她们健康成长。 当女孩真正地对身体有了认识后，父母还要做一件事，就是告诉女孩男女之间的差别，从而让她们更好地保护自己。

2．男孩女孩天生就不同

中国一直提倡男女有别，可是随着社会的发展，它的定义也有所改变。 所以家长要告诉女孩，每个孩子都是一个独特的个体。 男尊女卑的观念已经过时了，现在男女平等，所以她们应该大胆追求自己的理想。 现代社会对男女有别的解释是：性别上的差异导致性格的不同。 所以家长在男女平等观念的前提下，应依据女孩的性格来运用独特的教育理念和方法。

男孩活泼，女孩沉稳；男孩爱探索与争斗，女孩大多喜欢安静，并且喜欢交朋友；男孩的个性强，但女孩也有独特的一面。 若是家长不关注这些，不分性别而进行同样的教育，结果肯定不好。

第一，帮助女孩正确定位。 帮助她们分清男孩和女孩分别该做的事，让女孩正确认识自己的性别。 穿着上要大方点，颜色不要太深，把她们的房间装饰得再漂亮一些，把她们往女性的方向引导。

第二，根据女性的特点来引导女儿成长。 若是女儿很细心，就让她学学十字绣；女儿好静，则可以推荐她多看一些书。 女孩对色彩和纹理的捕捉比男孩更敏感，所以家长还可以选择让女儿学习画画。

有一点我们要明确，就是男女平等。 虽然在社会上男女的分工会不一样，不过他们的社会地位是一样的，拥有的权利与义务也相同。 我们既不能轻视女孩，也不可以给予太多的优待。 不能把她们看得很弱而可怜她们。 家长在女孩成长的过程中，要多鼓励她们，让她们变得坚强勇敢。 这样，当遇到挫折时，女孩才能从容解决而不会不知所措。 这些会对女孩思想和身体上的成熟起到关键性的作用，家长一定要牢记。

多拥抱女孩，她会更快乐

相较于男孩来说，女孩的感觉器官要敏感许多，触觉方面尤为突出，所以女孩会觉得父母对自己的爱要靠拥抱来衡量。父母适当的拥抱，会让女孩觉得自己在父母心中的地位很高，会感到非常开心幸福。否则，女孩会认为父母对自己不够疼爱不够喜欢。所以，家长不要吝啬去拥抱自己的孩子，这对孩子很重要。

筱筱的降临让父母很开心。但出于让女儿养成坚强性格的目的，筱筱的父母在女儿还未满周岁时就对她就很严厉。妈妈让筱筱必须学会自己睡觉，刚开始筱筱又哭又闹，可妈妈觉得孩子不能惯，因此并不太重视筱筱的反应。不久后，虽然筱筱不再闹腾，可总是呆呆的，没有表情，哪怕有人逗她也是如此。筱筱的父母非常担心她的智商和正常人不一样。不过检查以后发现是虚惊一场。

可筱筱一天天长大，问题却明显了起来。大家都觉得筱筱太深沉了，总是面无表情，也不常和大家说话。

父母还观察到 10 岁的筱筱眼神过于呆板，她还总忽视父母的存在。面对女儿不正常的表现，筱筱的父母不得不带着女儿到处求医看病，可所有的医生都说筱筱没有病。最终，有人指点他们去看心理医生。

一位儿童心理医生观察了筱筱一段时间，又了解筱筱父母的教育方式后，心里就有数了。医生请了自己的助手来帮筱筱，这几个助手都很外向活泼。助手们和筱筱聊天和玩耍，还用拥抱来鼓励她。大家在游戏中争着抱筱筱，要不就摸摸她的头，拍拍她的小肩膀等。刚开始筱筱不太习惯，但是渐渐地筱筱学会笑了，目光也柔和起来。

不久，令人惊讶的变化出现了：筱筱开始和其他小女孩一样活泼好动了，也爱吃饭了，心情好的时候还会主动要求和别人玩。最后，医生告诉了筱筱父母原因："父母对孩子太少的关爱及拥抱会使孩子有心理障碍，这就是皮肤饥饿症，长时间下去孩子就会出现前面的情况，行为呆板……"筱筱的父母很愧疚，觉得是自己对筱筱没有采取正确的教育方法造成的。幸运的是，筱筱得到了及时的治疗，逐渐好转。

女孩都很敏感，不喜欢被忽视，而是特别渴望父母的关爱，因此，父母的拥抱对女孩子非常重要。女孩得到的爱抚越多就会越自信活泼，这并不是说说而已。因为女孩的神经末梢比较敏感，所以拥抱可以刺激她们的脑细胞成长，让她们的生命功能发展得更好。因此，养育女儿的父母们，对自己的女儿要多加疼爱与拥抱。一般来说，要做到以下几点：

1. 每天至少保证和女儿身体接触15分钟

曾有儿童研究专家指出：父母和女儿间维持关系的重点在于那15分钟的身体接触。父母爱的拥抱可以让女孩直接体会到关爱，反过来她也就知道感恩了。而得不到父母经常性拥抱的女孩，对爱的感知就会变弱，也不知道该如何爱父母，父母和女儿的关系也就好不到哪里去。

2. 即使女儿已经长大，也请拥抱她

当女孩长大后，父母们出于维护自己形象的需要，会很少有机会和孩子亲密拥抱了。这样做是不对的。事实上，无论她们长多大，父母的关爱与拥抱都是她们生命所需的，因为只有那样她们才不会产生被忽视的感觉，心态才会积极向上，才会成长得更健康。所以，不要让女孩的年龄成为沟通的障碍，要多拥抱她们，让她们更快乐地成长。

现实生活中，很多爸爸觉得女儿长大了，碍于面子不愿意与女儿拥抱。爸爸以为，拥抱女孩是妈妈的事情，自己没有太大必要那么做。妈妈的拥抱的确很重要，比如刚来初潮时，女孩会很害羞，甚至会不知所措，这时妈妈的拥抱可以让她安静下来。妈妈的拥抱可以给女孩安全感，并且使她忘记影响情绪的事情。爸爸的拥抱同样重要，一旦缺乏不仅会使她疏远爸爸，还会对她的心理造成影响。

当女孩渐渐长大之后，大部分父亲觉得不方便再和女儿有过多的肢体接触。可是女孩却不清楚，她们可能认为父亲不再爱自己了，会责备自己，总是怀疑是不是自己做错了什么，慢慢可能变得不自信。所以，对那些处于成长过程中的女孩来说，父亲的拥抱是非常重要的。

3. 学会拥抱的另一种表达方式

现实生活中，一些亲密的行为可以起到和拥抱一样的效果。 例如抚摸、微笑、赞扬等，它们的作用其实都一样，所以父母应该做到这些。 说话时语气要温柔些，还要多与女儿进行一些眼神方面的交流，要多关心她。 这样，父母在与孩子沟通时才不会出现障碍，女儿也能更好地成长。

自我保护从身体开始

你的女儿会保护自己吗？

调查显示，由于知识的缺乏，阅历也少，孩子们很难发现一些事物潜在的危害性，有时甚至身处危险也不知道。特别是女孩子，她们在体格上本就弱小，再加上缺乏生活经验，自我保护能力差，所以更容易受到侵犯。有时她们还会误解父母对她们的关心和限制，总是反抗与抵触父母。

所以，女孩子的父母更要注意对她们自我保护方面的教导。可以试着做到以下两点：

1. 让女儿知道自我保护先从认识自己的身体开始

很多处于青春期的女孩不了解身体的发育情况，出现状况也不知道该怎么办，所以总是在无形中让自己受到伤害。特别是母亲千万要注意这一点，要多观察女孩的变化才能"对症下药"。大家都知道，女孩在 11 岁左右进入青春期，胸部和生殖器官开始逐渐成熟，还有一些女孩开始出现月经现象。可是，这些正常的生理现象会使一部分性格内向的女孩不知所措。她们很害羞，不好意思让父母知道自己身体"变"了，自我意识开始萌芽的她们认为这些变化是不好的。 在她们还没有做好认识自己的准备的时候，就被动地进入了发育的阶段。 这当然会让她们坐立不安，她们还会担心自己会因为这些变化而让人瞧不起。 因此，她们不敢对别人说自己身体发生变化了，就连父母也不敢说。 此时，父母要让女儿掌握保护自己的方法。 特别是母亲要教一些生理常识给女孩，方便她们应对生理变化。

2. 告诉女儿一些保护自己身体的方法

当女孩大一点了，父母就可以教她们如何爱护自己。 这要从教会女儿保护自己的身体开始，要让她们知道如何避免别人伤害自己的身体。 并且让她们知道每个人的身体都是自己的，应该相互尊重。 别人不能随意触碰自己，自己也不能乱摸别人。 特别要注意保护自己的私密部位，谁也不能触碰。如果发现有人试图那么做，就应该马上拒绝。

很有必要让女儿意识到隐私感。 告诉她隐私是我们每个人都有的，保护好隐私可以让我们避免受到伤害。 还要让女儿知道要保护哪些关键部位。 让她了解男女间的不同，即男女有别，应该与异性保持一定的距离。

到了青春期，父母一般会要求女儿做某些事情，例如要按时回家，不要跟陌生人说话，要走宽敞的大路等。 但最重要的是要告诉女儿这样做的原因是什么，在知道缘由之后，她们才能真正分清该做的与不该做的。

特别要注意教会女孩保护自己的身体。 父母首先要告诉女儿哪些部位是敏感部位，过分的亲密接触可能会造成的后果等。 在她们了解了问题的严重性后，女孩会增强自我保护意识，自我保护能力也会提高。 所以，父母千万别因顾虑女儿的年龄而不敢开口，也别觉得这是女孩自己的事，她们早晚会明白的。 女孩确实会一点一点地慢慢了解，但这也许是在她们办了错事或者做了伤害自己的事以后才明白的。 这些代价是可以避免的，但是如果父母不引导，她们就可能偏离方向，给自己的身心造成伤害，影响她们以后的正常成长。 因此，父母要大胆地说出来，这既是为人父母的责任，还是一种保护孩子的方式。

要她挺起胸来做美女

普遍来说，女孩青春期的早期阶段是 11～13 岁。 这个年龄段，是女孩乳房的发育时期，主要表现有乳房隆起、增大等。 母亲要告诉女儿这些现象，以防她焦虑不安。

还有一些建议，希望母亲做到。

1. 引导女儿从心理上接受这种变化

在青春期这个阶段，女孩对这些突如其来的变化准备还不充分。 人变得敏感起来，也很在意别人的评价，更加不愿意让朋友们用另类的眼光看自己。 所以，有些女孩不想让别人知道自己胸部变大了，她们会佝偻着背部，穿宽松的衣服，以便遮挡隆起的胸部。 这对她们很不好，因为这个时期对女孩的发育至关重要，所以若是在此期间不挺直腰板来走路，就会影响到女孩的发育，甚至会形成驼背。

一些早熟的女孩会更加苦恼，有时还会怨恨自己发育得太早。 此时，父母要给女儿正确的指导，并告诉她们这是人类成长的必经阶段，任何一个女孩都有这个过程，只是在时间上会有所差异。 另外，还要告诉女儿不要在意男孩的目光，他们只不过是好奇罢了。

还要注意别让女儿产生乳房是负担的错误想法。 告诉她们青春期的女孩身体逐渐成熟，乳房开始变化是正常的生理现象，它还与遗传、运动、饮食等有关。 要想让她们挺起腰板，以自己为傲，除了让她们正确认识发育外，还要帮助她们扫除心理障碍，让她们学会如何护理自己的胸部，这样才能让女儿既美丽又健康。

2. 告诉女儿如何爱护自己的乳房

女孩在青春期发育很快，乳房胀痛、乳头痒痛等都是正常的状况。 要告诉女儿她没有生病，不要用手胡乱挤弄乳房、抠剔乳头，要保持乳房的清洁卫生。 要是忽视这些，乳房可能就会生病。

当乳房发育时，女孩就该有些适合自己的内衣了。 所以，母亲要帮助女儿解决选内衣的问题。 由于是首次挑选，女孩可能会不知道如何下手，此时母亲很有必要告诉女儿一些方法。 别让她选太小、太紧的内衣。 这时的女孩都比较害羞，可能会觉得胸部太大会很丢人，尤其是发育早的女孩，她们就会挑一些并不适合自己的内衣，想要把胸部隐藏起来，这是错误的做法。

内衣过小会影响到乳腺管及腺泡的成长，严重阻碍乳房发育，还会损害身体健康。 内衣太紧会挤压内脏器官，对肺的呼吸和心脏的跳动会有影响，从而危害到心肺功能，甚至会引起心脏方面的问题。

所以，内衣要选合适的。 在挑选时，不但要注意内衣的尺寸、款式等，还要注意内衣的材质。 品质上乘的内衣，具备柔软、吸汗性强、不刺激皮肤、透气性好等优点。 这种内衣有利于乳房正常发育。

另外，还要告诉女儿内衣要定期更换，睡觉时应该摘下来，这样有益于健康。

培养孩子健康的饮食习惯

　　营养食品多多益善？ 尽管儿童营养专家一再对此否定，但仍有无数父母不吝重金购买高价食品、保健品给孩子吃，号称"宁可多补万种，不能漏买一样"。 专家指出：把握孩子的营养平衡，确保营养结构合理，才能真正促进孩子健康成长。 让孩子养成健康的饮食习惯，应言传身教。 父母与子女一起用餐时，可随时教给孩子有关食物与营养的知识，如杂食为优，偏食为忌；粗食为好，淡食为利；暴食为害，慢食为宜；鲜食为妙，过食为弊……

1. 不能忽视早餐

　　人们经常说："早餐要好，午餐要饱，晚餐要少。"可见早餐的质量是非常重要的。 许多孩子往往有这样的体验：如果早餐吃得好，在课堂上就会思维敏捷，注意力高度集中，而早餐吃得不好的时候，往往会精力下降，情绪低落。 美国科学家发现，在其他条件相同的情况下，吃高蛋白早餐的学生成绩优于吃素食早餐者，而不吃早餐的学生学习成绩更差。 但是由于早上时间最为紧张，许多孩子都不能好好吃早餐。 上午是功课最多的时候，若大脑需要的能量得不到供应，长期下去，会影响大脑的发育。这不但会影响他们正常的学习，而且还可能引起多种疾病。

因此，大脑营养学家告诫人们：千万不能忽视早餐。他们还建议儿童的早餐最好选择鲜牛奶，因为它不仅含有优质的蛋白质，还含有大脑发育所必需的卵磷脂。

大脑营养学家说，科学的早餐应以低脂低糖为主，选择猪瘦肉、禽肉、蔬菜、水果或果汁、低脂奶粉等含有丰富蛋白质、维生素及微量元素的食物，再补充谷物、面食为妥。因为早餐既要能提供足够的热量，又要能活跃大脑功能。他们还建议最好在早餐里搭配一些新鲜蔬菜，早餐应占全天总热能25%～30%，能量来源比例是：蛋白质提供的能量占总能量11%～15%，脂肪应占20%～30%，碳水化合物应占55%～65%。但是早餐中不宜有蛋黄、煎炸类高脂肪食物，因为这类食物中脂肪和胆固醇过多，消化时间长，可使血液过久地积于腹部，造成脑部供血量减少，导致脑细胞缺氧，造成思维迟钝。

2. 饮食不是越精越好

随着人们生活水平不断提高，父母给孩子们的"食谱"不但丰富多彩，而且"档次"还不断提高。不吃肉是不好的，但是如果吃多了更不好。因此，上档次不一定是好事，大脑科学家和营养学家警告我们：当心吃坏大脑！这绝不是耸人听闻！有句俗语说"病从口入"，虽然指的是吃了肮脏的带有细菌的东西会让人生病，但是很多父母不知道的是，即使是清洁卫生的食品，也可能会让"病从口入"，如果吃得不对路，就会伤害孩子们的大脑。例如下面的几种食物，长期过量食用就会引起大脑的不安，严重的还会损害孩子的智力。

(1)肉类。我们经常吃的肉类，例如鸡肉和猪肉，是酸性的食品，而人体却是处于微碱性状态，如果经常偏食这些肉类，就会使身体趋向酸性，导致大脑迟钝。

(2)奶油。我们常给孩子吃的生日蛋糕中就有大量的奶油。其实，奶油是一种脂肪块，这种脂肪很容易滞留在人类的血管壁上，从而妨碍血液流动。在人的大脑中有为数众多的毛细血管，人体就是通过这些毛细血管向大脑细胞输送营养成分的。如果奶油里面的脂肪块引起大脑毛细血管不畅通，大脑就会缺乏营养物质，其正常发育就会受到影响。

3. 少喝饮料多喝水

人们会感到口渴，这是因为人体内血液中的水分不足，血液变浓了。这时候补充适当的水分是必要的。于是，很多孩子就选择各种各样的可乐和果汁等饮料。然而，由于这类饮料所含的糖分较高，过多地喝了这些饮料以后，血糖会增高，人体的饥饿感会下降，从而产生厌食、胃肠不适和腹泻等症状。有的饮料中添加了大量的钠盐、糖精、香精、色素、兴奋剂，这不但会增加肾脏的负担，还会损害肝脏。

在各种夏季消渴的饮料中，可乐往往是很多孩子的首选。但是应该引起注意的是，这种饮料当中就含有一些不利于大脑发育的物质。众所周知，这类饮料通常装在铝合金制作的易拉罐中。有关检测资料表明，这种包装使饮料中的铝含量比普通瓶装饮料高出 3.6 倍。如果人们的身体中铝的摄入过多，会造成智力低下，行为异常。所以，医学专家建议最好喝白开水。

不过，喝白开水也要适量。 在这方面，一度存在认识上的误区，人们以为大量饮水可以把体内的杂质清扫干净，因此饮水健康法盛行一时。 的确，水进入血液之后会增进全身的血液循环，在一定程度上促进新陈代谢。 但是研究表明，在夏季炎热的日子里，如果人们一下子喝了过多的水，血液就会被冲淡。 而血液的浓度一般和体液的浓度相同或者略高一些，如果血液被水冲淡，它向大脑细胞输送的氧气就会不足。由于大脑细胞氧气交换不能正常进行，活动会变得迟钝，大脑的功能就会减弱。

4. 小心餐桌上的智力"杀手"

（1）含铅食物。 铅是脑细胞的一大杀手，食物中含铅量过高会损伤大脑，引起智力低下。 有的孩子常吃爆米花，但爆米花在制作过程中，机罐受高压加热后，罐盖内层软铅垫表面的一部分铅会变成气态铅，故应尽量少吃。 皮蛋在制作过程中，其原料中含有氧化铅和铅盐，铅具有极强的穿透力，多吃皮蛋也会影响智力。

（2）含铝食物。 世界卫生组织提出，人体每天摄铝量不应超过 60 毫克，超出这个摄入量，可能导致记忆力下降，思维能力迟钝。 经常使用铝锅炒菜、铝壶烧水的家庭，应注意儿童摄铝量增大的问题。

（3）含过氧脂质的食物。 过氧脂质对人体有害，如果长期从饮食中摄入过氧化脂并使其在体内积聚，会让人体内某些代谢酶系统遭受损伤，进而产生大脑早衰或痴呆。 哪些食品中含有较多的过氧脂质呢？ 主要有油温在 200℃以上的煎炸类食品，及长时间曝晒于阳光下的食物，如熏鱼、烧鸭、烧鹅等。还有炸过鱼、虾的油会很快氧化并产生过氧脂质。其他如鱼干、腌肉及含油脂较多的食品，在空气中久置也会产生过氧脂质。这些食物，孩子不吃或少吃为好。

（4）过咸食物。人体对食盐的生理需要极低，成人每天7克以下，儿童每天4克以下。习惯吃过咸食物的人，不仅会引起高血压、动脉硬化等症，还会损伤动脉血管，影响脑组织的血液供应，使脑细胞长期处于缺血缺氧状态而智力迟钝，记忆力下降。

◇ 关注女孩的成长 ◇

父母要对青春期的女孩多关注，教导女孩学会爱护自己的身体，引导她们保护自己的隐私，告诉她们隐私是我们每个人都拥有的！

高情商家教思维

1. 女儿进入青春期时，你注意到她的变化了吗？

   _____

   _____

   _____

2. 你能正确、大方地告诉女儿有关青春期的生理知识吗？

   _____

   _____

   _____

3. 你的女儿快乐吗？ 你们之间是否经常有亲昵的动作？ 比
   如拥抱。

   _____

   _____

   _____

4. 在保护隐私方面，你是如何教导孩子的？

   _____

   _____

   _____

5. 在培养女儿健康的饮食习惯方面，你觉得自己还有哪些需
   要调整的地方？

   _____

   _____

   _____

用你浪漫的方式引导孩子认识爱情

没有完美的爱情，只有不懂教育的父母

经典珍藏

给孩子最好的300个建议

培养最优秀的孩子

第二章

怎样和你的女孩交流

多听听女儿的想法

"三大三小"是现在社会的常见现象：越来越大的生活空间，缩小的生长空间；越来越大的房屋空间，缩小的心灵空间；从外而来的压力越来越大，促使自己进步的内在动力却变得越来越小。

父母应该注意这些现象，让女儿拥有自由的成长空间，而不是简单说说而已！很多家长都会说："现在的孩子真是不爱学习。""越来越不好管教孩子了。""不知道广告上的学习机有没有作用。"……

是孩子们不好教育，还是我们对于孩子的教育出现了问题？

7岁的程君该上小学了。玲玲是程君认识的新朋友，她小程君半岁，可是已经学习了3年舞蹈。玲玲跳了一段拉丁舞，使程君妈妈心生羡慕，她对玲玲妈妈说："我家的孩子怎么这么淘气，天天喊呀杀呀的不成体统。我看你家玲玲的舞蹈跳得很好，真羡慕。"

于是，妈妈给程君报了舞蹈班。可是程君天生好动，课堂上表现很不好。不到两周，程君就说什么也不学了，妈妈又生气又失望。

妈妈送程君学习舞蹈，出发点是好的，可是孩子这样不明所以地被送去学舞蹈，导致好的出发点并没有得到好的结果。程君现在正是活泼好动的时候，要采用寓学于乐的方式来对她进行教育。假如孩子的爱好不在家长考虑范围之内，只会适得其反。

现在很多父母都热衷培训班。的确，孩子在培训班可以学到很多东西，可是孩子的心理如果没有因为学到知识而成熟，也是徒劳无功。很多家长觉得让孩子增加知识才是最重要的，他们为此不惜省吃省穿来为孩子提供良好的学习条件。

什么才是父母对孩子的爱？答案其实很简单，就是给孩子充分的自由和空间，这才是对孩子真正的理解与支持。可是现实中的父母，总是乐于把自己的思想强加给孩子。

薇薇的高考成绩很好，足以上一所重点大学。然而，全家人却并不高兴。原来是父母和薇薇的意愿不一样：薇薇想报教育专业，可是父母觉得新闻专业会有更好的发展前途，父母希望薇薇今后可以做一名记者，坚决反对她报教育专业。

"这关系到你今后的生活，听我们的没错，爸爸妈妈都是为你好。"妈妈对薇薇说。"就是因为关系到我，我才想自己做决定。你们从来没有听过我的想法。这次我一定要自己做主！"最后，薇薇还是没能做主，她填报了新闻专业，却选了离家最远的学校。

薇薇的话值得家长思考。 家长常常因为自己的意见，剥夺了孩子的权利，而让孩子按照他们的规划来成长。 很多教育家主张给孩子充分的自主空间，著名教育家蒙台梭利的基本理念是"自由教育"，并且认为这样的教育是真正以自由为基础的。

就像蒙台梭利所认同的，了解纪律和制度的重要性是让孩子拥有自由的前提，而枯燥的说教肯定达不到应有的效果。对孩子过度严格，就像在狭小的空间里养金鱼，金鱼是不会长大的。 自由空间是孩子健康成长的必要条件，不要让孩子生长在狭小的"鱼缸"中。

随着孩子年龄的增长，父母应让孩子自己决定自己的事情。 一些小事情让孩子自己做主，并要让她学会为自己的行为负责，时间一长，在面临更重大的事情时，父母也可以说："相信你自己的决定。"

家长应该支持孩子的想法，而不是总打击孩子。 孩子会因为家长的鼓励而向家长分享自己的想法，使家庭更和谐。家长也不要让孩子有畏惧心理，要给孩子真正的信任。

女儿为什么不告诉你她在想什么

一位小学生这样说："每次放假，家里就只剩下我一个人，没有人和我做伴。爸爸妈妈只会不断地问我：'写完作业了吗？今天都干什么了？'他们从来都不理解我。所以我只能把月亮星星当作朋友。我喜欢学校里和同学在一起的时光。"对于这些，她并不打算告诉父母，因为她觉得父母不能理解她的想法。

面对这样的孩子，家长会不会感到难过内疚呢？父母都爱自己的孩子，然而当女儿不告诉你内心的想法时，你不觉得自己很失败吗？家长对女儿的生活很关心，却不知道女儿最近和谁在一起玩，不知道女儿的零用钱都花在了哪里，不知道女儿周末在做些什么，不知道现在女儿都想些什么……家长总是为了这些问题苦恼。

为什么对自己的孩子会如此不了解呢？孩子为什么不愿意和父母交流呢？作为家长，难道不该想想自己是不是哪些地方做错了呢？一位家长说："我常常因为工作繁忙而忽略孩子。作为补偿，孩子要什么我都给她买，但是我真的不知道她内心的想法。"

有些家长因为工作忙，没有给孩子足够的关注。这些孩子因为缺少父母的关爱，形成了不好的习惯。现在的一些家长只在物质上满足孩子，却忽略了孩子精神上的需求。父母充分的关爱是孩子成长过程中任何事物都无法替代的。因此，家长不如多陪在孩子身边，让孩子的精神生活也富足起来。

学习好是家长对孩子最核心的要求。孩子上学以后，家长就会经常和孩子探讨学习的事情。当孩子成绩不理想时，如果只是批评她，那孩子就不会再愿意和你沟通。一些家长通过专制的方式在孩子面前树立威信，从来不认可孩子的行为，对孩子只是一味地指责。面对这种情况，孩子当然不能表达出自己的想法？

有时候，家长对孩子很是严厉，各种惩罚措施层出不穷，甚至动不动就打孩子。在这种环境下，孩子的心理会被严重扭曲，更不要提和家长交流了，有时候还会致使孩子走向犯罪的道路。由于关爱的缺失，只要有一点点诱惑，孩子就可能会误入歧途。

对自己的行为进行反省后，父母还会固执己见吗？和孩子沟通的时候，父母不需要对她的生活过分地干涉，要让孩子自己处理自己的事情。如果在交谈时起了冲突，那沟通也就没有效果了。

给女孩子更多的情感体验比给她们更多的建议要重要得多。例如，家长可以说："你看上去不太高兴。"这样可以让女儿感觉到被关爱，使她们打开心扉。家长对孩子诉说的感受一定要认真地倾听，要放下手中的事情专心听孩子说话。面对你诚恳的态度，女儿一定会把真实的感受告诉你。

　　和孩子交流的时候要巧用时间。 当家长和孩子一起散步、吃饭的时候，应该意识到这是和女儿沟通的好机会。 假如孩子还小，那么就可以选择在女儿睡觉之前的时间，和女儿说一说今天所发生的事情；假如孩子的年龄比较大，家长可以利用睡前这段时间，和她们愉快地交谈。

　　多了解女儿的内心，能帮你更好地规划她们的生活：最近和谁一起玩，和朋友在一起做些什么，在学校的表现怎么样，对什么感兴趣，碰到什么难题了……只要善于和孩子沟通，就很容易获得孩子的信任，毕竟，孩子们需要家长的关爱和支持。

女儿提出你无法解答的问题时该怎么办

孩子快要上小学的时候，可能会有很多问题，什么事情都要打破砂锅问到底：

> "什么豆子的颜色有黄色和绿色两种？"
> "为什么每天早上与晚上刷牙吃饭的顺序不一样？"
> "爸爸为什么不像妈妈那样穿裙子呢？"
> "我为什么要坐在家里画画，不能出去玩呢？"

对于没完没了的问题，父母可能会没有耐心，即使有耐心，也不一定能一一解答这些问题。在你不知道怎样回答孩子的时候，该做些什么呢？父母通常想：就算不知道，也不能让自己的威信受损。所以，很多父母在不知道答案的情况下会自己编一个答案出来，再不然就是草草将孩子打发了。

这种处理问题的方式是不可取的。实际上，女儿对父母的认识取决于父母为人处世的态度、在工作中取得的成绩、夫妻之间的评价等。假如一位父亲在家庭中扮演积极的角色，对妻子孩子照顾有加，邻居也对他称赞，那孩子就会觉得父亲的形象很高大，就算不能解答她提出的问题，也仍然会把父亲当作榜样。

承认无知比承认错误需要更多的勇气。家长承认自己知识上的不足会拉近自己和孩子的距离。这会使得女儿认识到每个人都不是万能的，就算是大人也会有不知道的事情，能让女儿在成长的过程中学会原谅他人的错误。

要注意的是，不能仅仅以承认无知来结束孩子的发问，孩子会因为你仅仅说一句"不知道"而失望。正确的做法是在告诉孩子自己无法解答后，说一句："但是我们可以一起把答案找出来。我们去看一看书吧，没准书中会有答案！"这会引起孩子探索的兴趣。

解决女儿的疑问往往不是最重要的目的，让女儿独立思考才是关键，这样她才能有努力后得到收获的喜悦。家长觉得孩子还小，什么都不清楚，这是对孩子最大的误解。家长要把自己知道的尽量用孩子能听懂的话解释给孩子听。你可以向满心疑问的她建议："怎么不听一听老师的话呢？慢慢学习，你会进步的。"这可以使孩子的无知情绪得到缓解。

人与人之间的一大区别就是解决问题的能力，不要回避自己不懂的问题，要鼓励孩子独立解决问题，这样孩子才能更健康地成长。乐于思考的孩子才会有各种古怪的问题，因此，要鼓励孩子多问问题。如果用"少去胡思乱想"打发孩子，就会打击孩子的积极性，也会使她不再坚持自己的想法，这样也不利于孩子的成长。身为父母，应当给孩子探索知识的信心。

惩罚她，但不可以羞辱她

乔治教 7 岁的女儿凯莉使用割草机。当他正在教凯莉如何调转机头时，一个电话打了过来。乔治刚刚转身，凯莉力气小拉不回机器，割草机就被推到了草坪边的花圃上，所过之处，被夷为平地。

看到这一切的乔治非常生气，不知耗费了他多少心血才打造出的令人羡慕的花圃就这样被糟蹋了。他便对女儿喊道："你这个笨蛋，什么时候才能做些不蠢的事！"

看到这场面，妻子走来，拍拍乔治的肩膀说："亲爱的，我们是在养小孩，不是在养花。"

花已经死了，窗户玻璃已经被砸碎了，灯被孩子不小心碰倒了……但是，这些都已经过去了，无法挽回了。 这时，我们不要将孩子的心灵再打碎，一旦把她们的活力变成了麻木，这种无法挽回的损失才是真正的遗憾。

令人遗憾的是，有时候，孩子出了差错，老师家长总会指责，甚至挖苦讽刺。

"白吃了十几年饭了。""你是吃什么长大的？""你简直是个废物。"……

亲爱的父母，当你用这种挖苦的方式代替教育时，有没有想到这会对孩子的一生造成多么大的影响。要记住：比起成就，性格更加重要！良好的性格才是孩子一生幸福的基础。

孩子是独立的人，应该得到尊重。挖苦和侮辱是对心灵残酷的惩罚，这是一种语言暴力，一种精神虐待。对于那些具有很强的反抗性和自尊心的孩子，这不但没有好处，甚至害处极大，会在不知不觉中带给孩子不良的影响。

各位父母一定要知道，为发泄自己的怒气讲出很多伤害人的话，会对孩子造成多么大的伤害，甚至可能摧毁她们生活的勇气，断送了她们的前程。

在成长的黄金期，懵懂的她们正确的世界观尚未形成，做出什么傻事错事都是在所难免的，并且她们也需要更多的呵护和理解。这时，老师和家长应该把她们引向积极正确的道路上。

俗话说，没有规矩不成方圆。孩子犯了错，当然要教育和惩罚。但要用科学的方法惩罚孩子，如若方法不当，非但不能帮助孩子改正错误，反而可能使孩子的行为逆向发展。那孩子犯了错要如何解决呢？下面提供一些科学又充满智慧的方法。

1. **规劝**

案例：同伴间的争吵、争夺玩具……

方式：把手边的工作放在一边，先走到孩子旁边，使她察觉到你的关注；问问孩子为什么要这样做，并且耐心地把孩子的想法听完；让她明白打人、抢夺玩具是不好的行为，并且要求孩子习惯使用礼貌用语，如：请、谢谢、对不起。

建议：切忌大声呵斥威胁孩子；不要把孩子直接拉开，然后大声训斥；话语中应当避免伤害孩子的自尊。

2. 罚坐

案例：无休无止的吵闹……

方式：以一块软垫子或者一张椅子作为惩罚区，可以给它取个名字；调好闹钟，计时惩罚。

建议：不要在正门大厅等显眼地方惩罚；定好惩罚时间；惩罚完后，再听听孩子的感受。

3. 帮忙做家务

案例：乱写乱画，把家里弄得乱七八糟……

方式：准备好各种清洁用品，帮助她养成爱卫生的好习惯。

建议：孩子的安全是重中之重；年幼的孩子可以由父母带着做家务；养成孩子物归原处的习惯；和孩子聊天，问她通过家务学到了什么。

4. 罚站

案例：故意从高处跳下来、在车上瞎闹……

方式：在家中划出一块固定角落，铺上垫子，准备一个闹铃，制定合理的惩罚时间。

建议：惩罚区不要太明显或者正对大门，否则容易伤及孩子自尊；不要一直数落孩子，否则会激发孩子的叛逆心，她会更加顽皮；要讲清楚道理，而不是一味呵斥；惩罚完后，问问她为什么会被惩罚，让孩子明白自己做错了什么。

5. 没收心爱的东西

案例：不停吵闹、乱扔东西、不整理自己的玩具……

方式：没收孩子乱丢的物品，以示惩戒。

建议：这时应该放下自己手边的事情来陪孩子，表达父母对她的关心；告诉她把东西收好，停止吵闹，否则将有惩罚；让孩子说说为什么要惹父母生气。

6. 禁止某些权利、要求

案例：挑食、任性……

方式：暂时禁止孩子碰触喜欢的东西。

建议：不要以愤怒的语气大声地对孩子说话，也不要威胁她；告诉她为什么禁止这些行为，如果孩子表现得好了，再让她继续享受喜欢的东西。

孩子在成长，错误很常见。 当父母在惩罚孩子时，关键是把握原则，控制情绪。

语言之外的真诚交流

　　语言学家艾伯特·梅瑞宾的研究表明，人与人之间的沟通高达93％是通过非语言进行的，只有7％是通过语言进行的。而在非语言沟通中，有55％是通过面部表情、形体姿态和手势等肢体语言进行的，有38％是通过音调的高低进行的。

　　由此，艾伯特·梅瑞宾提出了一个著名的沟通公式：沟通的总效果=7％的语言+38％的音调+55％的面部表情。

　　可见，非语言信息在沟通过程中是多么重要。

　　其实，这种无声交流的方式，我们在孩子小的时候就对她运用了。当孩子还是婴儿时，我们就常常用拥抱、亲吻、抚摸之类的肢体语言与孩子进行交流。

　　然而，奇怪的是，这种哑剧一样的肢体语言随着孩子年龄的不断增长而渐渐退居二位。

　　在《母乳新发现》一书中，作者这样写道：

　　　　在中国的家庭教育中可以清晰地发现，原始的情感表达方式——拥抱、抚摸、亲吻等，在孩子上学后，父母就很少使用了。亲子沟通的方式只剩下干巴巴的语言表达，偶尔也使用文字（比如：语言交流遇到障碍时，父母会给孩子写信，或孩子主动给父母写信）。于是，"说教"就成了家教的主要手段。由于父母的表情和动作受到理性的严格控制，传递信息的渠道又如此单一，家庭教育因此变得枯燥乏味，失去了生命原有的色彩与温度。

看到这里，也许有家长会产生疑问：女儿长大了，再像小时候那样拥抱、亲吻、抚摸她，就算我们不觉得为难，女儿也会因为难为情而拒绝的。

的确，青春期的女孩对自己的身体很敏感，可能不喜欢他人包括家长接触她们的身体，但家长们可以采用别的方式与孩子沟通，比如眼神交流、拍肩膀、握手等。这样的非语言沟通方式孩子是不会拒绝的。

英国教育家斯宾塞说过一句话："如果对自己的孩子多一些拥抱、抚摸，有时甚至是亲昵地拍打几下，孩子在对外交往以及智力、情感上都会更健康。"

1. 用眼神"教育"女孩

大人的眼睛是女孩的一面"镜子"，女孩常常通过这面"镜子"决定自己要采取的行动。可以说，父母的眼神是世界上最美好的教育媒介。在亲子沟通中，家长如果能巧妙地运用眼神表达自己的感受，要比对女孩说几十、几百句话都要强得多。

遗憾的是，许多家长没有意识到眼神的作用。在现代家庭中，大部分父母在外忙工作，在家忙家务，很少有时间与孩子在一起，即使在一起的时候，也总是喋喋不休地唠叨孩子学习上的事情，眼睛里流露出来的是冷漠和忽视。这一点，青春期女孩的感受是非常深刻的。一个女孩就曾这样说："每当我与父母讲述某件事情时，他们总是心不在焉，有时候头也懒得抬一下，跟他们说话真没劲。"

各位家长，当你听到女儿这样的话时，你还会埋怨她漠视你，不愿意与你沟通吗？你还会不重视眼神的作用吗？

一位妈妈尝到了用眼神与孩子交流的"甜头"：

一天晚上，时针都指向 11 点了，女儿还丝毫没有要睡觉的迹象，不亦乐乎地听着音乐，看着小说。我气坏了，本想教训教训她，可后来还是打消了这个念头。我只是站到女儿面前，用带有责备的眼神看了看她，没发一言就走了。不一会儿，我看到女儿房间的灯熄灭了。

人们常说，眼睛是心灵的窗户，眼睛能够传神、传情、传递各种信息。没错，如果家长用鼓励的眼神注视女孩，女孩接收到的就是鼓励的信息，这往往会激发她们不断努力的欲望；如果家长的眼神流露的是责备，那女孩接收到的就是责备的信息，这会让她们体会到父母的宽容，并激励她们不要犯同样的错误。

在一场家长咨询会上，一位教育专家曾说："聪明的家长用眼神教育孩子，一般的家长用嘴巴教育孩子，差劲的家长用拳头教育孩子。"亲爱的家长们，你愿意做哪种类型的家长呢？

2. 用握手向孩子表达友好

握手是一种无声的交流，可以沟通原本有隔膜的情感，拉近人与人之间的距离。

在日本作家黑柳彻子的《窗边的小豆豆》一书中，有这样一段描述：

> 有一天，在滑雪场，一位很和气的年轻男子来到小豆豆面前，打手势表示："站到我的滑雪板前面来，好吗？"
>
> 小豆豆问了问爸爸，爸爸说："可以。"于是，小豆豆就对那位叔叔说了一句"Thank you"。那个人让小豆豆蹲在自己的滑雪板前端，把两边的滑雪杖对齐，然后沿着志贺高原最缓的长坡，像风一样滑了下去。小豆豆只觉得耳朵两边的风声呼呼作响，她用两只手抱住膝盖，努力不让自己往前俯冲下去。虽然有点儿害怕，但是非常快活！滑完之后，围观的人们鼓起掌来。
>
> 这位年轻人叫舒奈依达，是世界著名的滑雪家，他总是喜欢用稀有的银色滑雪杖，这些都是小豆豆以后才知道的。但是当时小豆豆就喜欢上了这个人，因为滑完雪之后，这个人弯下腰，握住小豆豆的手，非常尊重、非常温和地看着小豆豆，对她说："Thank you！"

为什么在滑雪这段短短的时间内，小豆豆就喜欢上了对方？关键在于对方弯下腰与小豆豆握手的这一动作，从这个简单的动作中，小豆豆从心里感受到了对方的友好。

之所以提到这个故事，是因为这个故事里面包含的教育思想可以为家庭教育提供借鉴。也就是说，在家庭教育中，家长也可以用握手与孩子进行沟通。当你使用这一肢体语言向孩子表达友好时，孩子会从心底里认可你。

从孩子的角度来说，如果她们感受到父母的友好，她们就更容易打开心扉，更愿意与父母分享自己的想法。

许多教育专家总会告诉家有青春期孩子的家长：父母与孩子之间应该是一种平等的关系，父母要和孩子做朋友。这时，许多家长往往会犯难，因为他们不习惯于对孩子说："来，孩子，我们做个朋友吧！"其实，这个问题很好解决，如果家长觉得用言语表达很难为情，那不妨用握手来传情，传递你对孩子的友好。不用怀疑，虽然这个动作很简单，但孩子确确实实能感受到你的友好与真诚。

当然，除了表达友好之外，家长还可以用握手表达你对孩子的其他感情，例如：

当孩子取得成功时，你可以和她握握手，表达你对她的祝贺。

当孩子遭遇失败时，你可以和她握握手，表达你对她的鼓励。

◇ 多听听女儿的想法 ◇

对不起，妈妈没有征求你的意见就让你去学舞蹈了。

妈，我再也不想去学舞蹈了，我喜欢画画。

爸爸妈妈这都是为了你好，这关系到以后你的生活，听我们的准没错！

什么才是父母对孩子的爱？答案其实并不难，就是给孩子充分的自由和空间，这才是对孩子真正的理解与支持。可是现实生活中，有的父母总是乐于把自己的思想强加给孩子。只有多了解孩子的内心，才能真正帮到孩子。

你们从来不听我的想法，我这次想为自己做一次主！

高情商家教思维

1. 什么才是父母对孩子的爱？

   _____

   _____

   _____

2. 怎样才能让女儿对你说出心里话？

   _____

   _____

   _____

3. 当女儿的问题你无法回答时，你会怎么样？

   _____

   _____

   _____

4. 你惩罚过女儿吗？ 是怎样惩罚的。

   _____

   _____

   _____

5. 在语言之外，你和女儿有过交流吗？ 比如无言的一笑、一
   个眼神。

   _____

   _____

   _____

   _____

第三章

为女孩营造温暖的家庭氛围

温馨的家庭与女孩的心灵成长

　　女孩的成长体现在两个方面，首先是心理上的成长，其次才是身体上的成长。 但是，父母的关注点往往只放在了女孩的身体上，总担心吃不好影响她身体健康，还觉得不规律的生活会使她生病。 伴随着身体的发育，女孩的心理也在慢慢产生变化，但父母却容易忽略对女孩心灵的滋养，甚至还有一些家长根本不关心这一点。 例如，营造一种和谐的家庭氛围对女孩来说最至关重要，可大部分家长却并不关注这点。

　　一个小学进行调查时给出了这样的问题：最想要父母给自己什么？ 在所有接受调查的学生当中，57% 的小朋友写道：最希望家长理解、包容并表扬自己，而不是拿自己的缺点跟别人来比。 并且盼望一家人能永远开心快乐。

　　有的家长却不理解孩子为什么这么想，一位母亲说："我的女儿很懂事，没求我给她买过什么东西，所以我觉得，她除了吃饭睡觉也就是上课学习。 而且她毕竟还没长大，没什么烦心的事。 最开心的事情应该就是多得到一些零花钱吧！"不止这位母亲，其实好多家长都是这样的想法。

　　如果在逛街时，遇到一个衣着破烂的小孩，一定会激起我们的同情心。 而在现实中，当女孩的心灵受到了伤害，那么她就会像那个小孩一样孤独无助，需要父母来关心爱护她。

可事实上，许多父母都会忽视孩子的内心感受，会在不自觉中再次伤害孩子。 因此，父母应该改变教育方法，把对女儿的批评教育，换成对她的鼓励和赞美。 若是父母能温暖地把女儿拥在怀中，更加肯定她的成绩和行动，并给她营造一种温馨幸福的成长氛围，那么她一定能突破重重困难，变得更自信。

除了给女孩营造温馨的家庭氛围，还要给她自由成长的空间。 自由可以激发女孩的想象力，发散她的思维，使她的潜能更容易施展出来。 一个自由开放的女孩，精力会更加旺盛，心灵也会更加纯净。 所以，要给女孩自由的空间，有条件的话，让她自己掌管零花钱，买自己喜欢的东西。 在兴趣爱好方面，也不要约束她。 放手让她去做吧，她的成绩会让你大吃一惊。

千万不要在女儿面前吵架

孩子都讨厌不和谐的家庭氛围。很多孩子都希望父母和睦相处，她们向往一个温馨的家。可是很多家长忽视了这一点，有时，愤怒冲昏了头脑，什么也不顾了：只要与爱人有些理解上的差异，便肆无忌惮地争吵，争吵的时候完全不记得家长的表率作用，在孩子面前失态。

和谐的家庭氛围是孩子健康成长的关键因素，家庭氛围由两个元素组成，分别为物质环境和心理环境。物质上紧张一些倒没有太大的关系，若我们提供给孩子很多欢乐，她们还是会觉得很幸福。但心理环境不理想，对孩子的影响就比较大了。

一位英国学者访问了20多个国家，调查了1万多名各国儿童，发现家庭氛围对于儿童的成长格外重要。此外，他还从各国儿童理想中父母的要求中筛选了10条，其中最重要的一条就是不要当着孩子的面争吵。

一位中国儿童教育专家也曾经就这个问题进行过调查研究。调查表明，孩子们想要的快乐与物质条件没有太大关系，物质对他们并无太大吸引力，但是，他们很关注家庭氛围。 根据他们各自的喜好、要求，家庭氛围分为很多种，位居第一的是：和谐并充满着爱的家。 孩子们都希望爸爸妈妈相亲相爱，没有争吵，一家人和平共处。

父母相敬如宾，这种和谐的家庭氛围有助于女孩健康成长，让女孩在生活中充满自信。 相反，如果一个女孩长期在充满争吵的家庭中长大，那么她可能会慢慢变得孤僻，甚至会出现心理问题。

时常对女儿说"我爱你"

中国人的性格都有些内向沉稳，不管是面对哪一种感情，都不太善于表达，尤其是面对自己最亲近的人时。中国人也十分重视亲情，特别是父母，常常默默地付出，而不会过多地用语言来表达。

实际上，在教育子女期间，特别是教育女儿的时候，家长要勇敢地用语言来传递自己的爱。比如说一句最简单的"我爱你"。这种简洁明了的方法非常有利于增进父母和女儿的关系。

玥玥 8 岁了，性格内向害羞，经常一个人待着，也不爱和人说话，而且小小年纪，却总是满怀心事的样子，有时对自己的父母也很冷漠。她还常常用敌对的态度对待周围的人，因此大家都疏远她，更没有人敢和她一起玩。所以，性格内向的她就更加封闭自己了。

妈妈发现这个问题时，玥玥都开始有些自闭的倾向了。她每天都紧锁眉头，这令妈妈也开心不起来，可是怎么问她也不愿意说出原因。

一次，妈妈在收拾房间时，见到了一个本子，打开一看，上面有几句话："所有人都不喜欢我，我的父母也是如此，她们都只会关心自己！""我总是被忽视，也总被讨厌，为什么！"

　　妈妈看完后，很是内疚，认为自己只是平时陪女儿的时间少了点，没想到，竟给女儿带来这么大的伤害。为了这件事，玥玥的父母研究了好长时间。

　　以后，只要有空闲时间，父母都会陪在她身边，而且还经常主动对玥玥说"我们爱你"一类的话。不久之后，玥玥就开始有明显的变化了，一下子变得很能说，也愿意与人沟通，活跃了很多，和原来完全不一样。这时父母才恍然大悟：原来就是"我爱你"这三个字，能让女儿有种被尊重被认同的感觉，并且这简单的三个字能抵得上很多行动。从此，玥玥的父母不再羞于向女儿表达自己的爱意，而是经常用"我爱你"这三个字，让女儿直观地感受到父母是世界上最爱她、最关心她的人。

女孩看待事物总是细致入微，青春期的女孩尤其如此。与男孩相比，她们更渴望被父母疼爱与关注。在青春期，因为身心正在成长发育，她们会遇到许多困惑的事，在遇到挫折时，她们也不知道如何解决。这时，她们会不知所措，所以，父母的鼓励与安慰是她们最好的镇静剂。而且她们最大的认同感都来源于父母，所以要时常告诉她，父母爱她，这样她们就会觉得自己得到了重视，自信心也会慢慢树立起来。

　　若是父母善于表现自己的爱，就会慢慢感染女儿。在这种温馨的环境中成长的女孩，自己的内心得到满足后，也会反过来表达对父母的爱。 如果女孩在平时学会去表达自己内心深处的爱，那么在她长大成人后，这种能力肯定会更上一层楼，从而大大增强人际交往的能力，这对她的生活和事业都是有益的。

由于女孩还不够成熟，所以不能全面了解她遇到的事物，仅用直觉来判断，如：肉眼见到的，耳朵听到的等。 此时，她们还不知道用心理解父母的关爱。 因此，直接对她们表达爱意是最佳的选择，要直接告诉她你们爱她。

许多中国人都比较内向，极少直接向对方表达自己的感情，特别是为人保守的父母，这对他们来说的确不容易。 所以，为了让自己的女儿能更好地成长，能在成长的过程中感受到满满的爱，现在就大声对她说出"我爱你"吧！

好女孩是夸出来的

男孩喜欢用肢体语言来表达想法，女孩一般靠语言来展示自己内心，而且女孩比男孩更在意父母对自己的看法。所以，一旦女儿有了一些成绩，家长就要多加夸奖她们。

男女之间大脑的差异及大脑器官发育次序不同，使得男女的性格也有很大不同。女孩比男孩的感觉更细腻，在听觉、视觉、触觉、味觉和嗅觉等方面也更加敏感，善于发现微小的，甚至是容易被别人忽视的细节，并在此期间形成自己的直觉系统。

因此，家长要在女孩成长的过程中更加细心，要像关爱花朵一样关爱女儿。要给予她很多笑容，积极发现她的优点并主动表扬她，这样女儿也会绽放出自信的微笑。

每个人都希望被赏识，因为被疼爱的感觉是很美妙的。有人用两只小狗做过一个实验：对其中一只狗给予夸奖与关爱；对另外一只狗则冷漠无情并经常责骂，让它在失落中成长。有一天，它们同时遇到另一只狗，被责骂的那只狗害怕地找地方躲藏，而受呵护的那只狗刚好相反，它通过自己高声的吼叫将对方吓跑了。

有一个内向、胆小的女孩，反应有些迟钝，而且有点自卑。有一次，妈妈在与老师沟通时，了解到班里有一个为好孩子设置的信箱，任何人都可以通过写信的方式赞扬班上同学，空闲时老师会在全班同学的面前进行鼓励。

　　这让妈妈有了灵感。在了解到女儿在班上的表现后，她问女儿不举手的原因是什么，女儿说是怕一旦说错，就会很没面子。这就能看出女儿习惯用逃避的方式面对失败。妈妈开始给女儿讲故事，然后说："故事中的公主之所以幸福是因为她们很勇敢，那你想不想一辈子都幸福呢？""我想！"女儿激动地说。"明天敢不敢举手回答问题啊？""敢！""那咱们说好了啊！"于是，女儿笑着睡着了。

　　次日，女儿拿着一个苹果蹦蹦跳跳地回到了家，高兴地对妈妈说："妈妈，今天我勇敢地回答了一个问题，小苹果就是老师给我的奖励。"看到女儿这么开心，妈妈笑着说："红红，你真棒，妈妈真为你自豪！"。

　　得到表扬的女孩，心中充满了自信，举手的次数越来越多，回答问题也越来越积极。以后，哪怕是女儿取得了一点点小进步，妈妈也会鼓励她。比如，女儿在绘画方面很有耐性，妈妈就夸她细心；女儿洗手时谦让别人，妈妈也会夸她懂事；就连女儿吃饭不挑食，也列入到了妈妈的夸奖范围内……在不断地鼓励下，女儿的信心越来越足，逐渐变得开朗外向。

鼓励会让孩子变得更优秀，表扬会让她们生活得更开心。

教育学和心理学的研究成果告诉我们：要从小对孩子进行表扬，这样效果才会更显著。 很多孩子对自己认同与评价的依据主要来自信任的人，特别是自己的父母。 也许是一句话，甚至一个动作，也会在无形中增加孩子的信心。

哪怕是一小点的提升也是通过努力得到的，因此父母不要只关注孩子的不足，而要多认同、夸奖她们，这可以促使女儿更好地成长。 所以，父母还是用赞美来装点女儿成长的环境吧！

用你的信任托起女儿的自信

　　如今，大家都不敢轻易相信别人。有的父母还会要求女儿不要跟陌生人接触。所以，一旦有人对女孩主动示好，她们的心里就会想：他会不会伤害我？这样很容易让人产生隔膜。实际上，大部分人的内心还是善良的。另外，若是女孩对别人总持有怀疑的态度，那么别人也不会信任她。

　　信任是种美德。但信任别人并不是天生就具有的意识，而是后天培养出来的，所以父母要在生活中引导女儿学会信任别人，并且是有选择地信任别人。

　　由于工作忙，家长与女儿交流的机会少，就很容易出现这种情况：当孩子在和父母进行沟通时，父母心里想的却是一些其他的琐事。其实，孩子一般想和父母交流时，都是遇到了自己无法解决的事，想听听父母的建议。所以家长应该排除杂念，用心倾听一下孩子的想法，然后及时地给予回应与帮助。这才会让孩子愿意与人分享她的心事，从信任自己的父母开始，进而学会相信别人。

　　所有的女孩都渴望被别人夸奖，所以家长要用欣赏的态度培养女儿，对她的优点要多加表扬，久而久之，女孩才能有积极的心态，保持快乐的心情，自信心也会增强。

有位母亲去参加幼儿园的家长会，老师告诉她："你家孩子在学校太好动了，应该管一管了。"妈妈虽然不高兴，可是对女儿说的却是这样的话："老师夸你了，说你比以前老实一点了，也不怎么淘气了，还说班里面就你的进步最大。"说完后，女儿胃口大开，一口又一口地居然吃完了两碗饭。

后来，女孩的小学老师又告诉妈妈："这样下去不行啊，她的成绩总是倒数第二，一直没有变过，会不会是智力有问题。"妈妈听后难过得哭了，但到了家她却笑着告诉女儿："老师说你很聪明，就是不用功，如果你能努力些，下次估计能考到第 20 名。"女儿听完很激动，第二天早早就去上学了。

升到初中后，妈妈又参加家长会，这次没有老师说她女儿，但是临走时老师告诉她："你的孩子要想上重点高中还是很难的。"妈妈觉得很压抑，但还是告诉女儿："老师对你很有信心，上重点高中没有问题。"

高中毕业后，学校让女儿去取通知书。女儿回到家，交给妈妈一封清华大学的录取通知书，然后哭着说："其实我知道我很笨，但是妈妈你却一直信任我……"

大家可能要问了：信任与这有何关联？ 家长们需要知道：被信任的女孩才会相信自己，而被质疑的孩子则会怀疑自己……因此，一直被母亲鼓励着长大的女孩，不但会相信自己，还会去鼓励别人。 也许就是母亲的信任与鼓励，促使女儿最终成功了。

　　人们常说孩子的第一任老师是父母。 婴儿刚出生时，什么都不懂，一切都要从父母那里学习。 在成长过程中，父母教她做什么，她就学什么。 所以，被父母信任的女孩也会信任别人，并包容理解他人。

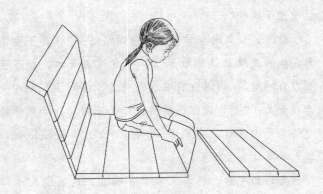

◇ 为女儿营造温馨的家庭氛围 ◇

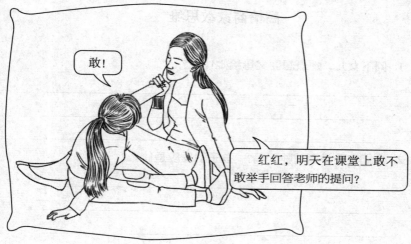

敢！

红红，明天在课堂上敢不敢举手回答老师的提问？

妈妈，今天我勇敢地回答了一个问题，小苹果就是老师给我的奖励。

鼓励会让孩子变得更优秀，表扬会让她们生活得更开心。很多孩子对自己认同与评价的依据主要来自信任的人，特别是自己的父母。也许是一句话，甚至一个动作，也会在无形中增加孩子的信心。

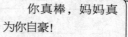

你真棒，妈妈真为你自豪！

高情商家教思维

1. 问下女儿，她最想要父母给她什么？

   _____

   _____

   _____

2. 你们在孩子面前吵架吗？ 孩子的反应是什么？

   _____

   _____

   _____

3. 你会经常对孩子说"我爱你"吗？ 在向孩子表达爱的时候，你有没有什么障碍？

   _____

   _____

   _____

4. 如何建立女孩的自信？ 如何夸奖和鼓励女孩？

   _____

   _____

   _____

5. 找个机会，用平和真诚的态度和女儿促膝交谈一次。

   _____

   _____

   _____

第四章

让女孩学会管理情绪

高情商的女孩更受欢迎

　　许多人都不知道怎样处理好人际关系，但有意思的是，你越排斥它，你就越处理不好它。所以，我们就会很好奇，不知道受大家欢迎的人是如何做到那么受欢迎的。其实，这主要是因为情商不同。情商高的人不但会受到大家的欢迎，还会从别人那里得到帮助。

　　斯巴达克是个奴隶，由于无法忍受奴隶主的压迫，勇于反抗，得到了大量奴隶的帮助。最终，由于起义没有成功，奴隶几乎都被抓捕。一位自认为胜利者的将军目中无人地说："如果有人能够认出斯巴达克，我就放他一条生路。"安静了一会儿，一个奴隶说道："斯巴达克就是我！"在这位将军还没缓过神时，另一个奴隶又说："斯巴达克就是我！"之后，很多奴隶都跟着大声说道："斯巴达克就是我！"这个声音瞬间响彻天地。

　　为什么这么多的奴隶愿意用自己的生命换取斯巴达克的生命呢？因为他们共同的愿望是：如果没有自由，我们宁愿失去生命！ 他们尊敬斯巴达克，与其结下了伟大的友谊，为了这种友谊他们甚至愿意奉献生命。

古话说："多一个朋友好过多一个敌人。"这话的道理在于：再多的朋友都不会嫌多，而冤家一个都不能有。 因此，在日常生活中就应该做受大家欢迎的人，如此在你遇到困难时才会有人帮助你。

  秦穆公非常喜欢马。一天，秦穆公丢失了一匹爱马，之后就有人告诉他马被"野人"绑架了。秦穆公听说之后，立刻去找马。谁知，这伙"野人"已经把这匹马当美餐了！秦穆公非常心疼，也非常气愤，但是却说出了让人意想不到的话："吃马肉怎能不喝酒呢，给他们上酒！"于是让人给这些人送来了几桶酒。

  可想而知，这群"野人"要多高兴就有多高兴，所有人喝到天明。

  一次，秦穆公率军同晋国打仗。由于晋军人数远远多于秦穆公的军队，导致秦穆公被围。眼看秦穆公马上就要被活捉了，就在关键时刻，突然来了救兵，打败了晋军，解救了秦穆公。秦穆公得救后才知道，这支救兵就是当年的那些"野人"。由于一直记着秦穆公对他们的恩赐，当听说其有难时，他们就立刻赶过来替秦穆公解围。

"行德爱人则民亲其上，民亲其上则皆乐为其君死矣"就是这样来的。 秦穆公被救就是由于自己的爱民、宽容、恩惠，这也是高情商的表现。 站在国君的角度，自己的爱马被杀，很多人也许会大发脾气，杀光这群"野人"。 如果真的这么做了，不但不能带来任何好处，也不能解决任何问题。情商的高低与个人的成就息息相关，而这正是你是否能够受欢迎的决定性因素。

在日常生活中，每个人肯定都会遇到困难和挫折，有的人不能控制自己的脾气，会坏了大事。 但是有的人却可以控制自己，正视这些不如意，找到解决问题的办法，渡过难关。就像秦穆公一样，由于很好地控制了自己的情绪而得到别人的帮助。

情商高的人懂得控制自己的情绪，如果想让别人喜欢你，就必须管理好自己的情绪。 这会让女孩一辈子都获益。

心理学家认为，淡定的情绪会让大脑一直处于理性的状态，有利于充分发挥人的潜能，提高大脑的活动速度。 控制自己的情绪还有利于增进人们对自我的了解。

心理专家提出：情绪积极的状态下，人的中枢神经功能最佳，内分泌系统可以达到平衡，整个躯体协调有力，可以让神经系统充满力量，让脑力劳动更加持久。 反之，在消极的情绪下，人体容易发生病变，阻碍身体的健康成长。

理性看待自己的不完美

"我不会唱歌，不会跳舞，我总是做不对数学作业，我说话的声音像男孩子一样……为什么我身上会有这么多让人不满意的地方……"一个青春期女孩发出了无奈的呐喊。

"金无足赤，人无完人。"每个人都不是完美无缺的，或多或少都会有这样那样的不足和缺陷。如果总是带着挑剔的眼光来审视不够完美的地方，那么，只会对自己越来越失望，进而逐渐陷入深深的自卑，无心上进。

曾在一份报纸上看到过这样一篇报道：

一位14岁的女孩，总是嫌自己这里不好，那里不好，觉得自己满身都是缺点，从而慢慢变得自卑，不愿意去上学，不愿意和同学们接触。后来，这种情况愈演愈烈，女孩竟然央求爸爸不要让自己再去上学。

女孩的爸爸见女孩那么为难，就同意了。女孩这一离开学校就是8年。在这8年的时间里，女孩除了吃饭、睡觉，一直都把自己关在房间里，拒绝和外界接触。到女孩22岁的时候，她的父母发现，孩子说话做事总是不成熟，也不能很好地照顾自己的生活。后来，在医院一检查，他们才知道这个女孩的智力水平还停留在 14 岁的阶段……

这个女孩最终落得这种情况，问题出在哪里呢？

大家或许会说："在于家长不问缘由地纵容。"

真是这个样子吗？ 家长不问缘由地纵容孩子固然是原因之一，但是绝大部分原因却是女孩对自己过分苛求。 女孩总是看到自己的缺点，看不到自己的优势，心生自卑也就在所难免。 当自卑情绪在她的心里悄然生根发芽，一颗威胁她心理健康的"毒瘤"也就渐渐生成了。 在这颗"毒瘤"的危害之下，女孩变得越来越不自信，越来越自闭，到最后"与世隔绝"也就很好理解了。

那么，女孩为什么会出现"总是盯着自己缺点看"的情况呢？

一些心理学家研究发现，在现实生活中，一些女孩接受了太多的关于追求完美的理念。

受这些观念的影响，她们总是会不断地要求自己和别人去比较，不断地要求自己去做得更好。 然而，在这个过程中，她们却常常会犯这样一个致命的错误：拿自己的不足和别人的优势比，以期自己能够更加完美。

可是，这世界上真的有百分百完美的人吗？

相信大家的答案很明确：没有。

所以说，在生活中，一定要让女孩认清这样几个事实：

1. 完美的内涵

(1)完美并不是指凡事做到无可挑剔,而是指将自身最大的潜能发挥出来。

如果仔细想想自己做过的每一件事情,就会发现,它们或多或少都存在着这样那样的不足,真正可以做到完美无瑕的事情可谓是少之又少。 如果总是用完美的标准来要求自己,只怕到头来,一件事情也做不成。

曾认识这样一个女孩:

> 女孩小蒙刚刚升入中学时,班上公开竞选班长。小蒙虽想参加,但一想到自己说话声音不大,沟通能力也不大好,学习成绩也不是特别优秀,她就开始动摇了。最终,小蒙没有勇气去挑战班长这一职位。结果,一名成绩不如小蒙,平时也很内向的女生,用自己一心为班级着想的热忱感染了同学们,顺利当选为班长。面对这个结果,小蒙非常后悔自己为什么就没有去尝试一下……

如果总是想等自己各方面都很优秀、很完美了再去应对的话,那么机遇就会擦肩而过,成功就会离自己越来越远。

其实,只要尽了自己最大的努力,发挥了自己最大的潜能,就是完美。

(2)完美并不是最好,而是一次比一次好。

生活中,有这样一种人,她们并不一定能把事情做到尽善尽美,然而,她们无论做什么事都能得到很多人的支持和赞美。 原因无他,就在于她们善于从过去的不足中总结经验,要求自己一次比一次做得好。 不断地追求进步,把不足降到最低，其实就是对完美的最好诠释。

完美是一个绝对概念，想要达到这种境界很难，而进步则是一个相对概念，只要努力，每个人都能做到。

2. 如何正确追求完美

（1）尽量减少犯错误的可能性。

"人非圣贤，孰能无过。"在女孩成长的过程中，难免会犯这样那样的错误，家长所能做的，就是尽量帮女儿将犯错误的可能性降到最低。

一位知名的作家在被问及如何能够取得今日的成就时，说了这样一句话："我对待写作，一直抱着虔诚和谨慎的态度，每次动笔之前，都会查阅很多相关资料，尽量减少行文中可能会出现的错误……"

其实，对于每个人来说，只要肯用心的话，都能做到将犯错误的可能性降到最低。

在某种程度上说，减少犯错误的可能性，就是一种追求完美的正确方式。

（2）尽量弥补自己的不足。

发现不足，弥补不足，才是追求完美的正确之道。

如果留心观察就会发现，我们身边有这样一类人：她们原本不够优秀，不够出众，然而随着时间的流逝和岁月的打磨，她们渐渐在众人中凸显出来，逐渐变得优秀和杰出。

总结她们从不出众到出众的原因，我们会有这样一个惊人的发现：无一例外地，这些人都很善于弥补自己的不足。

（3）不断总结经验教训。

在前面，我们曾提到过，完美的内涵是一次比一次做得好。 如何才能做到这一点呢？ 那就是不断总结经验教训。

没有谁能够一下子就站到让别人仰望的高度，但凡成功者，都是那些善于总结经验教训的人。

完美是一种境界，每个人都想达到。 但凡事不讲究实际，不问能力地苛求自己，有时候反而会弄巧成拙。

每个人的天赋各有不同，或许别人适合唱歌，而自己恰巧不适合。 如果拿别人的长处来比，受到打击也就无可厚非。

如此一说，大家肯定也会感到疑惑："难道说，别人比我们强，我们就不去理会，不求上进，自甘落后吗？"不是的。

不去拿短处和别人的长处比，并不是要甘于人后，而只是要明白一个事实：有些时候，有些事，如果努力了还是没有达到想要的结果，再来苛责自己，就会造成很多不必要的心理负担。

每个人都有自己的优点和缺点，对于优点继续保持和发扬，对于缺点及时发现改正，不断总结经验教训，努力让自己变得更加优秀，才是正确对待完美的态度。

完美是一种境界，很难达到。 不断地追求进步，才是追求完美的正确之道。

"有则改之，无则加勉。"告诉女儿用这样的标准时时要求自己，也能变得越来越优秀。

消除女孩的多疑心理

鸟巢里的果实由于阳光照射，脱水而变小了。公鸟发觉了，就对母鸟说："我们一同辛苦地采水果，为什么你独自吃了而不告诉我?"母鸟说："没有啊。"公鸟说："水果少了，不是你吃的又会是谁呢?"母鸟委屈地说："真不是我啊!"

公鸟不停用嘴啄母鸟。母鸟觉得公鸟不理解自己，就离开了。不久，下雨了，水果因雨水浸泡膨胀起来，又恢复了原来的模样。这时公鸟才发现自己真是错怪了母鸟，开始后悔。它不停地叫着，但是再也看不到母鸟的踪影了。

这个故事告诉我们：与人相处要相互信任，信任是待人处世不可或缺的因素。遇事要冷静，莫让"疑念"左右情绪而言行失当。

做人做事要宽容，自己的内心才能安宁。因此，家长要努力让女孩养成信任他人的性格。孩子多疑，多半是受大人影响。假如父母不信任自己的孩子，会导致孩子对父母和别人的不信任。

多疑的孩子，会失去原本的快乐和幸福。 父母要多培养女儿对美好事物的认知能力。 可以让女儿学习音乐、美术等，让她感觉到生活的美好。

一些孩子觉得自己的父母不爱自己，这种对亲人的不信任会使孩子对他人充满不信任感。 所以，父母要经常拥抱女儿，多和她交流，让她更加信任自己。 如果孩子在家庭中感到被信任，就会感到幸福，就不会无端怀疑他人。

磨炼孩子的坚强意志

孩子的品格是经过后天努力养成的。 小时候，孩子的品格就会初步形成。 所以，培养孩子的意志要从小抓起，决不可放松。 可是，家长如何做才好呢？ 我们一起来看看吧。

帮助孩子成功，让孩子体验成功的喜悦，可以激发孩子的进取心。 确定合适的目标对激发孩子的进取心很重要，过大的目标不仅起不到推动作用，还会打击孩子的自信心。 所以，家长应该帮助孩子确定一个合适的目标。

观察发现，性格胆怯的小孩，比较脆弱，因此父母应该鼓励孩子多动手，积极表扬她，培养她面对问题的勇气。 对活泼好动、喜欢表现的女孩，也要多管教、约束，增加她应对困难的能力。

应该教育女孩勇敢面对困难，教会她们敢于面对挫折。可是，女孩经历的困难并不是越多越好。 社会上曾流传一种面对挫折的理论，即"在挫折中进行教育"。 这种理论认为孩子面对的挫折越多越好，可是，这是一个认知误区。 心理学家认为："挫折是个人从事有目的性活动时，遇到了阻碍和干扰，令其目的暂时无法达到。"挫折容易让人产生消极情绪，并不是越多越好。太多的挫折会让孩子失去信心和勇气，因此，挫折教育要适度。

孩子是需要鼓励的。哈佛大学的研究人员得出一项研究成果：没有受过鼓励的孩子，只能发挥本身能力的 15% ～ 25% ，而如果受到了鼓励，她的能力则可以提高三四倍。鼓励可以是父母给，也可来自孩子自己，即自我激励。

毅力也称意志力，很多成才的人都具备这一品质，因此，父母要重视孩子毅力的培养。孩子看书时，应该让她看完后再认真看一遍；孩子做事时，也要让她有始有终；孩子学洗衣服时，不可以找借口不洗了……由此下去，养成坚持的习惯也就不是什么困难的事情了。

家庭条件好的孩子容易缺乏毅力，因此要让她们吃一点苦头，如上学骑自行车、在恶劣天气里步行等。

女孩子的兴趣转移得特别迅速，因此，有的孩子今天学音乐，明天学跳舞，后天再学绘画，最后什么也没学成。专家指出，这种学习态度往往会影响孩子意志力的形成。

孩子在尝试新事物的过程中肯定会遇到失败，父母应该教育她们独自完成。只有让她们自己处理遇到的困难和挫折，她们才能真正体会到解决问题后的那种快乐，从而增强战胜困难的勇气和坚持到最后的意志力。

坦承面对自己的错误

女孩的成长过程，是一个不断犯错不断改正的过程。父母要培养青春期女孩认识错误、敢于承认错误的好习惯，让女孩用自己的眼光去看，用自己的头脑去想，要帮助女孩分析错误的原因，然后把道理讲透彻。当女孩做错事时，要给女孩改正的机会，从精神上善待她，千万不要给女孩"定罪"。

批评只不过是教育女孩认识错误并改正错误的一种手段，最重要的还是要培养女孩勇于承认错误的好习惯。可以从以下几点进行培养：

1. 要勇于向女儿道歉

很多家长教育孩子时，知道教育孩子做错事必须向人道歉，但是自己却常常做不到，尤其父母对孩子做错了事时，更不愿意向孩子道歉。

在家庭教育中，如果从不向女儿承认自己的缺点、过失，女儿就会产生"父母永远正确而实际上老是出错"的观念，久而久之，孩子会将父母正确的教诲也置之脑后。而如果在做错事后，父母总能郑重地向孩子认错、道歉，孩子就会懂得承认错误并不是一件可耻的事，会提高分辨是非的能力，尝到原谅别人的"甜味"。

当女孩犯错后，一些妈妈由于一时的感情冲动，往往会对女孩进行不恰当的过重的批评或惩罚。事后，妈妈又往往后悔。这时，倘若妈妈能勇于真诚地向女孩道歉，用自己的行动补救自己的"过失"，则能引导女孩更好地走自己的路。

被称为"西班牙王国上空的一颗光辉灿烂的巨星"的拉蒙·依·卡哈的成长，就说明了这一点：

> 卡哈小时候很调皮，13 岁时他运用所学知识造了"真"的大炮，一发射，把邻居家的孩子打伤了，闯了大祸，被罚款和拘留。当他从拘留所出来后，身为大学教授的父亲，把卡哈这个"顽童"着实训斥了一顿，并责令他停止学业，学补鞋子。后来，父亲越来越觉得这处罚过于严厉，孩子闯了祸是要管教，但不能而因噎废食。于是，一年后，父亲到补鞋铺接回了卡哈，搂着孩子深情地说："我做得不对，我向你道歉。我不该因为你闯了一次祸而中断你的学业。从现在起，你就在我身边学习吧，你会有出息的！"从此，卡哈潜心学习骨骼学，终于成为举世瞩目的神经组织学家，荣获了诺贝尔奖。

其实，父母"向孩子认错、道歉，会失面子，会失去权威"的担忧是多余的，父母学会向孩子道歉，对教育子女无疑是大有裨益的。父母在家庭教育中出现过失、错误时，理当采取明智之举，勇于向孩子道歉，这样定会让孩子笑逐颜开！同时，父母也为孩子树立了榜样。当孩子有错误时，她也会主动承认错误，主动道歉。

2. 低调批评教育好处多

有理不在声高，对犯了错误的女孩及时进行批评教育是理所应当的，但有的父母总是大喊大叫，似乎不这样做就不能产生威慑效果。其实，高声调地叫喊，只会引起女孩的反感，使你们的关系紧张，收不到良好的教育效果。

言语声调，作为人际交往的一种工具，能表达人的思想和情感。声调不同，会使听者产生不同的感受。用低声调批评女儿，容易缩短与女儿之间的心理距离，减轻女儿的心理压力和精神负担，减少女儿的逆反心理。有的妈妈认为反正自己是真心实意为孩子好，随便喊几声骂几句无所谓。要知道，青春期女孩并不是这样理解的，她们只知道低声调意味着尊重。

3. 正确处理女儿的过失行为

每个人都会有过失，但过失却可以教给你在其他地方学不到的知识。然而，唯恐犯错的心理往往使人们不去尝试新事物或承担风险。

父母肯定想知道怎样教会女孩正确对待过失。这里有5位专家提供的建议。

"讲述你自己曾经犯过的过失，"心理学家莱顿说，"承认过失，向孩子们解释为什么你会犯这个过失，告诉她们，你下次将会怎样用不同的方法去避免重犯。"

"告诉女孩，大胆尝试或出现失误都不要紧，"家庭问题专家恩说，"一个人第一次做某件事无不期望做得完美无缺，但实际上在相当多的情况下这是不可能的。"

"从犯过失的痛苦中走出来。"马里兰州的心理学家塞奇斯说。 他提醒父母们，不要老是盯着孩子的过失不放。 相反地，要去赞扬孩子们尝试活动的努力与勇气。

"促进良好的调整。"心理学家布朗里奥·蒙诺沃说。他建议父母帮助孩子去学习怎样区别承担风险和鲁莽草率。

"把孩子最近的成果与她自己以前的成果相比较，而不是与别人相比较。"心理学家拉文说，"如果孩子拥有一个充满爱的家庭，他们几乎可以从所有的过失中学到益处。"

4. 诚实品格的修炼

培养女孩承认错误的习惯，必须从培养诚实开始，即帮助女孩说真话。 有时候，女孩做错了事，许多妈妈认为严厉的惩罚可以遏止她说谎，其实恰恰相反，严厉的惩罚反而会增强孩子的恐惧感，迫使她产生防卫心理而进一步编造谎言。 但是，如果惩戒是出于爱心，又执行得合理、巧妙，并且在事后讲清道理，女孩会收益很大，并心悦诚服地接受批评。

告诉女儿要远离诱惑

现在，孩子很容易成为不法分子的作案目标，她们正处于成长阶段，天真、好奇，但缺乏理智和克制能力，很多时候不能分辨善恶真假。正因为如此，她们才最容易被不法分子诱惑，成为受害者。因此，家长必须提高警惕，告诫女儿要远离各种诱惑。

具体来说，家长可以从以下几方面培养女儿远离诱惑的能力：

1. 测试女儿的抵制力

给女儿一些测试题，当她做出正确回答后先不做表示，而是问她："真是这样吗？"此时，父母需要认真观察孩子的反应，如果孩子犹豫不决，那就说明她信心不足，容易被诱惑；倘若她回答得很坚定，说明她抵制诱惑的能力很强。

2. 培养女儿的自主意识

从某种程度上说，那些抵御不了诱惑的女孩子，自主意识和自控能力都不强。因此，培养她们的自主能力很重要。当有一些事情要让她们拍板时，即使她们的判断是错的也不要埋怨她们，反而需要让她们明辨是非，知道欲望的危害。

3. 控制女儿的占有欲

女儿的要求不能全部满足，要让女儿懂得与别人共享。削弱她的占有欲，提高她的克制能力，女儿就不易被诱惑。

4. 通过情景模拟培养女儿的抗诱惑能力

家长要给女儿创造机会去拒绝别人，从而树立她独立自主的坚强人格，让她具备抵抗诱惑的能力。

父母为了培养小梅抵抗诱惑的能力，尝试通过模拟各种生活情景引导她。比如他们会把家布置成商场，然后妈妈带着小梅在家里"购物"，接着妈妈借机走开。这时候爸爸登场了，他分别用糖果、故事书、带小梅去动物园玩等诱惑她，企图骗她跟自己走。每次结束后，父母会对小梅的正确行为给予表扬，同时指出她的错误。如此反复训练很多次以后，小梅的警惕性变得很高，父母也就放心多了。

5. 扩展女儿的知识面

诱惑总是很难抗拒的。父母平时应该让女儿多见识见识，女儿就会变得更加淡定；再加上父母的叮嘱，女儿一般就会远离诱惑。

6. 让女儿学会说"不"

人人都希望自己的女儿有教养，但也应该让女儿知道有些时候可以打破常规。比如，如果女儿被人要求做她不情愿做的事情，就应该让她说"不"。

有时候会在火车上碰到这种情景：邻座的人会对你的女儿很好，比如拿出好吃的给她，她也很想要。第一次遇到这种情况时，无论对方多么热情，家长都要予以回绝，并表示感谢。你如果让女儿接受了赠予，女儿就有可能习惯接受馈赠而被别人骗。要让女儿认识到：陌生人给的东西不可以要。

妈妈，我也想要那个芭比娃娃。

小美，你可以和小朋友分享玩具。你不妨去问问她愿不愿意，我觉得她也想看看你的小娃娃。

那是别人的东西，你要学会控制自己的欲望。

好的，妈妈。

女儿的要求不能全部满足，要让女儿懂得与别人分享。削弱她的占有欲，提高她的克制能力，女儿就不易被诱惑。生活中的点点滴滴都可以用来培养孩子这方面的能力。

我可以摸一下你的芭比娃娃吗？

可以，我们一起玩吧！

高情商家教思维

1. 如何培养女孩的情商？

　　_____

　　_____

　　_____

2. 如何让女孩接受自己的不完美？

　　_____

　　_____

　　_____

3. 如何消除女孩的多疑心理？

　　_____

　　_____

　　_____

4. 在面对错误时，如何以身作则地培养孩子的逆商？

　　_____

　　_____

　　_____

　　_____

5. 如何培养孩子远离和抵抗诱惑的能力？

　　_____

　　_____

　　_____

　　_____

第五章

让女孩快乐与人交往

让女儿拥有良好的人际关系

怎样使女孩建立起良好的人际关系呢？ 父母应该在女孩小的时候就引导她正确与别人进行交往。 一些女孩不知道如何与别人进行正常交往，不会准确地表达自己的想法，进而影响到正常交往。 在女孩成长过程中，父母应该教育女孩与朋友进行合作，教给她诚信、理解、平等协作等一些基本的人际交往规范。

1. 创造好的条件

父母应该为女儿提供开展人际交往的便利条件，如可以把同事家的孩子请来与女儿认识。 如果女儿与人交往时出现了一些问题，要及时教育指导，让她知道宽容、礼貌、大方、得体等交往规则。 同时，父母可以带孩子经常出去走走，串串门，给女儿接触外面世界的机会，使她接触更多的人。 父母还要多陪女儿参加集体活动，培养她与不同类别的人群进行交往的能力，获得交往经验，这可以有效提高她的人际交往能力。

2. 平等交往

如果家长想真正了解孩子的内心想法，就要放下架子，平等地与女儿交流，成为女儿无话不说的好朋友，和她一起分享喜怒哀乐，把好的言行传授给她。这样可使女儿体验到结识朋友的乐趣，认识到在人生中朋友是很重要的，激发她广交朋友的愿望。

3. 有选择地交往

培养女儿与人交往的能力，使女儿从小就建立广泛的人际关系，无疑会有助于女儿的未来发展。不过家长也应该注意一个问题，在培养女儿交往能力的过程中，也要进行选择，不可以让她什么朋友都交。注意引导女儿区分好坏、善恶，让她懂得哪些是可以交往的朋友，鼓励她多与一些善良、正直的孩子交往。

4. 培养女儿讲礼貌的习惯

父母的一个基本职责是培养女儿懂礼貌。从小就要告诉她，见长辈要打招呼，在社会交往中使用礼貌用语"别客气""麻烦你了""谢谢""对不起"等，使孩子明白有礼貌的孩子才会获得更多的好朋友。如果孩子经常使用礼貌用语，一定要进行表扬和赞赏，进一步强化孩子的礼貌行为，使她逐步养成良好的礼貌习惯。

5. 让女儿学会容忍与合作

在与人交往中，如果女儿遇到与自己意见相反的人，父母要及时引导孩子学会容忍，不要因一件小事就和朋友断绝往来。 在集体活动中，需要服从团体的整体意见，这样才能使交往顺利发展。

　　社会交往能力影响到女孩一生的发展，父母要采取不同的教育方法和手段，坚持不断地对孩子进行培养，不断提高她的社交能力。

尊重别人，是女孩获得别人尊重的前提

在女孩成长过程中，不仅要学习基本的生活技巧，还要培养与别人相处的能力，尊重别人的女孩才会得到友谊，也才会在日后的生活和工作中取得成功。同时，也只有懂得尊重别人的女孩才能收获别人对她的尊重。

父母是女孩的启蒙老师，也是女孩最亲近的人，女孩的品性与父母的性格密切相关。女孩一般会认同父母的所有做法，而且，处于成长中的女孩，学习能力强，判断是非能力差，会全面模仿父母的所有做法。所以，父母想让女孩做到的，首先要自己做到。父母要孩子尊重别人，那么首先自己要做到处处尊重别人，为孩子树立榜样，这才会树立威信，教育孩子也才会取得较好的效果。

一位中年女人带着小男孩，到一个著名的企业参观。在经过花园时，一位老人正在花园里努力工作，而这位中年女人不停地把用过的纸巾扔在老人清理干净的地方。老人看见后，默默地把这些纸巾捡了起来。可是，中年女人却对小男孩说："看见没，如果你不努力学习，以后就会像他那样！"

听到中年女人这样教育孩子，老人便走过来，对她说："夫人，这是本公司的私家花园，按规定只有公司职工才能进来。""那是，我是这个公司的部门经理！"中年女人得意地回答，并出示了证件。但是，老人不再理她，而是打了个电话，一会儿，一个男子跑过来，恭敬地站到老人面前等候指示。这时，老人郑重说道："我现在有个提议，免去这位女士在公司的部门经理职务！""好，我们马上就办！"那个男子答应道。最后，老人来到男孩的面前，拉着他的手说："希望你懂得，尊重别人是非常重要的。"说完，老人慢慢离去。原来，这位老人就是这个公司的老板。

这位母亲的做法是失败的，她无礼的表现不仅让她失去了工作，还在孩子面前做了坏的示范，在她的影响下，那个小男孩有可能会不懂得尊重他人。尊重别人，是做人的一种品德。知道尊重别人的孩子，才能认真听取别人的意见。不尊重别人的孩子，也就没有人愿意去帮助她。别人对她提出忠告，她也不会接受。这样的孩子，要想进步非常困难，容易脱离社会。

尊重，是和人交往的基础。不尊重别人的人，会失去别人对他的尊重和信任。这样，会产生很多矛盾，朋友越来越少，也会在日后的生活中失去很多帮助和支持。所以，父母要让孩子了解尊重别人的重要意义。

父母要及时制止女儿不礼貌的行为。比如，给同学、老师起外号，看见别人遇到困难嘲笑不止，在公共场合大声喧哗等。 孩子这么做，可能是出于好奇、好玩，也可能是简单地模仿他人。 她可能并不知道这么做是不尊重别人，也不知道这样已经伤害了别人。 发现这样的情况，父母首先要与女儿好好谈心，了解原因，然后告诉女儿这么做不好，并让她知道不被人尊重是什么样的感觉。 告诉女儿，开玩笑要看场合，要给别人留面子。 告诉女儿，取笑别人、给别人取外号是不礼貌的行为。 只有先尊重别人才能收获别人的尊重，尊重别人也是尊重我们自己。 用平和的态度告诉孩子这些，纯洁善良的孩子会很容易接受并懂得尊重他人。

懂得原谅别人，女孩才会更快乐

俗话说"年轻气盛"。 由于孩子年纪小阅历太少，不知道宽容胸怀的人生价值，在遇到困难时，很容易变得心胸狭小，表现为：对小事情斤斤计较，无论如何也想不开。

芳芳每天去学习游泳，有一天妈妈去接芳芳的时候，发现芳芳哭着站在游泳馆门口，教练不知所措地陪着她。妈妈赶快上前去问发生了什么事情。原来，今天上课的孩子特别多，下课后，教练不小心将芳芳自己留在了游泳馆内。等到发现少一个人时，教练赶紧回游泳馆去找芳芳，而芳芳害怕得早已哭成了泪人。妈妈听完以后告诉芳芳："好了，没事了。教练也正在为这件事情难过呢！她也不是故意这样做的，你亲一下教练，她需要你的安慰哦！"芳芳听话地轻轻亲了亲教练的脸，并对教练说："教练，你不要难过了，我已经没事了。"

大方、宽容地谅解别人的过错，对孩子健康个性的养成，特别是情感的健康发展具有重要意义。 具体来讲，家长应该注意以下几个方面：

1. 让女儿学会换位思考

家长要引导女儿学会替别人着想。 与人交往中，要宽容、理解别人，避免生气、对抗，这么做对女儿的健康成长是有益处的。

换位思考，意思是说双方有了矛盾的时候，一方能够站在对方的角度上思考问题，理解对方为什么这样说话、做事。一旦真正做到了这一点，就真正学会了换位思考，避免很多不必要的矛盾。

如果女孩从父母的角度考虑问题，则可以理解父母的用心；从奶奶的角度考虑，就会理解老人的心情；从老师的角度思考，则会明白老师对自己的期望；从同学的角度思考，则会发现同学可爱的一面。 因此，让孩子学会换位思考是非常重要的。

2. 告诉女儿，谅解别人就是给别人改正错误的机会

教育女儿对朋友要真诚，帮助对方改正错误和不足。 告诉孩子，原谅别人也是给别人改正错误的机会，这样可以巩固双方的友谊。

3. 抓住机会及时教育女儿学会宽容

教育女儿学会宽容待人，家长应该从日常生活中一点一滴做起。

珊珊对父母说，她们班有一个男生力气很大，经常

欺负同学，而且经常堵着门不让同学们出入。一个下雨天，爸爸开车去接珊珊。爸爸在学校门口，看见这个男孩正在四处张望，原来他没有带雨伞，正在着急。爸爸说："小同学，叔叔送你回家吧。"珊珊一听，便偷偷对爸爸说："他就是我说的那个男生，还欺负过我，不管他。"爸爸装作没听到，要求珊珊把那个男生请上车，并把他送到家。这个男孩到家后，高兴地向珊珊表示感谢。

回到家里，爸爸告诉珊珊，不要因为同学有缺点就不去帮助他，更不能因为同学有错就不原谅他，而应该帮他改正错误和不足。事后，两个人慢慢成了好朋友，在珊珊的帮助下，那个男生逐渐改变了很多。

懂得原谅别人是建立良好人际关系的有效法则。在遇到问题和矛盾时，如果不能原谅别人，就会觉得前面的路越来越狭窄。古人云："海纳百川，有容乃大；壁立千仞，无欲则刚。"身为父母应该理解这一点，努力把女儿培养成一个宽容的人，这样孩子才会真正地快乐起来。

帮女儿养成赞美他人的习惯

台湾作家林清玄还是记者的时候，报道过一个作案手法熟练的小偷，这是他首次写特稿。他自己最后感叹道："如此聪明能干、足智多谋的人当小偷太可惜了，要是进入其他行业肯定会有所成就的！"连林清玄本人都没料到，这段20年前无意感叹的话，却改变了这个小偷的生活，那个小偷后来开了好几家大餐饮店。

后来的一次偶遇中，这个曾经的小偷对林清玄感谢道："您的那些话语，使我顿悟，然后我就想我为什么不去从事一些正当的职业？"所以，他就金盆洗手，改行做餐饮了。

看来，没有这几句小小的夸奖，此人恐怕不会取得今天这样的成绩。 赞美也许只需用几秒钟的时间，但却能让人的心灵得到满足。 如果我们不吝啬地夸奖他人，说明我们看到了别人身上的优点和长处，也就能显示出一个人的谦虚与大度。在你真心赞美别人的同时，自己的内心也会变得快乐，气氛也会很温馨和谐，不论夸别人还是被夸，都会觉得开心和自在。

善于夸奖别人的人，表明她的心胸很广阔，在生活上的烦心事也很少。大家都喜欢别人赞美自己，因为赞美就像一束阳光温暖着我们的心。因此，在与周围人相处的过程中，要多多夸奖别人的长处，这样人与人之间和谐、温暖、美好的感情会变得更深，也能愉悦自己的身心。

人人都希望别人夸奖自己，听到赞美自然会开心得不得了。但是要注意，若是夸奖得到位，会增进彼此间的感情，若是夸奖过度了，说不定会让对方觉得反感。赞美与奉承的间隔很小，所以我们要做到适度地、恰到好处地赞美别人，以下有几点建议：

1. 赞美要真诚而得体

赞美别人需要诚恳，对别人的赞美要以事实为依据。如果想夸奖得细致到位，首先要了解对方的基本情况和生活经历，你才能更好地掌握需要赞美的地方，这样才会取得良好的效果。

1971 年，美国总统特使基辛格秘密访华，准备打破中美 20 多年的外交敌对状态。来中国前，尼克松总统曾多次想象中方的态度，认为中国人会拍桌子叫喊"打倒美帝国主义"，赶走他们，所以基辛格的压力很大。

但实际上不是这样的。周总理接见基辛格一行的时候态度非常友好。他礼貌地握着基辛格的手，亲切地说："这可是中美两国几十年来最高级别的握手啊！"

基辛格对周总理介绍他的随行人员时，周总理的话更让他们感到意外，周总理拉着霍尔德里奇的手，说：

"听说你会讲北京话和广东话，是在香港学的。"转身对斯迈泽讲："我学习过你写的关于日本的论文，内容很精彩，最好写一篇有关中国的文章。"又拉着洛德的手说："咱们应该算是个亲戚关系吧，你的妻子是中国人，是作家，我非常喜欢她的书，欢迎她回到祖国啊！"

周总理说完这番话后，基辛格一点都不紧张了，他对中国领导人另眼相看，心生崇敬。

周总理运用的就是赞美的技巧。 在他看到基辛格一行人紧张时，把政治角色淡化了，再在细微之处下功夫，运用拉家常的办法，对每个人的长处进行夸奖，体面又不失谨慎。

2. 赞美用词要得当

赞美一定要注意内容和对象，其实你还没有直接赞美对方时，对方已经知道你要表达的意思了。

同时，还要注意对方当时的情绪和反应，在对方情绪低落或心情不好的时候，赞美可能会适得其反。

3. 赞美不可过分夸张

赞美要得体，过分的赞美则有奉承的嫌疑了，使人觉得不舒服，留下浮夸的印象。 因此，赞美需要把握好度，切勿夸张。

4. 少说陈词滥调

有些人会用陈词滥调来赞美别人。 比如如雷贯耳、步步高升、财源滚滚等，但只会重复别人用过的话并不能起到很好的赞美效果。

5．在背后赞美

当你想要赞美他人时，他人可能认为你是在奉承他。 如果在背地里夸奖他，他就会认为是真诚的夸奖，会从心底里感谢你。

6．不可冲撞别人的忌讳

其实，人人都有忌讳。 忌讳是他人的痛处，千万不要去触碰。 赞美时不要提及对方的忌讳，不然会造成交际失败，让人对你产生反感。 比如不要用绝顶聪明赞美秃顶的人。

父母应该让孩子记住：赞美能体现一个人的涵养、境界、素质，同时也是对他人的尊重、支持、理解；赞美他人是给予，同时又是沟通和祝福的过程，是对别人的认可，表明你赞成对方的成绩和表现。 真诚赞美他人的人，也会收到别人的赞美。

公共场所，细节体现优雅

公共场所是学习的好地方，女孩可以在这里学会处理人际关系、遵守法规法则，使自身的素质得到提高。随着女孩的成长，会更多地出入公共场所。但某些孩子会表现得很霸道，一不高兴便又哭又闹，争抢伙伴的玩具，甚至是欺负年龄小的孩子，随地乱扔垃圾，破坏公共设施……

假如孩子出现了这些行为，父母就不得不提高警惕了。这种情况有可能是孩子缺少自我约束力造成的。这时，父母需要及时纠正她们的不良行为并让她们谨记公共场所的规则。教育女孩子的时候，应该多种方法并用，以正面教育为主，晓之以理，动之以情，使女儿长期处于积极的情绪状态中，不断进步。

假如出现了不文明行为，父母应"恩威并施"，既要有一定的宽容，又要加以约束。可是假如不文明行为的后果很严重，父母就需要积极运用一些方法进行补救了。例如损坏了公物就一定要赔偿，欺负了别的小朋友就要道歉。

想要女儿的观察、沟通、表达能力有所提高，就要从现在开始，培养女儿的公德意识，这对她以后的社会集体生活也是有很大帮助的。

1. 在影剧院做文明观众

一旦购买了演出或者电影票，我们便在一定程度上与剧院或是影院达成了一个协议。影剧院都属于文化场所，是人们享受高雅艺术的地方。所以，应当有与艺术氛围相协调的仪态方式。那么，在这些地方我们应该注意些什么呢？

（1）电影院。

首先，观众应该要穿着整洁，坚决杜绝穿背心、拖鞋等现象，尽量不要迟到。在进场前，主动向工作人员出示票证，进场后找自己的座位号对号入座。假如到得比较晚，需要穿过其他观众到达自己的座位，就要礼貌地请别人给自己让路。假如从他人前面走过，要表示感谢侧着身子前进，切忌背对着人。

假如戴着帽子，落座后应该把帽子摘下。坐下之后，根据观察"左邻右舍"的情况来决定自己应该占有哪边的扶手，而非两个都占去。在看电影的时候，不要做出妨碍后面观众视线的事情，也不要发出声响而影响周围观众。喜欢在看电影时吃东西的女孩子更要约束自己，吃食物时尽量不要发出响声。

电影《南京，南京》2009年4月在大连上映。很多孩子在家长的陪同下来到影院了解这段沉重的历史，接受爱国主义教育。但是，其间一对90后情侣的行为引起了公愤。

刚开始的时候，两人就对电影是黑白片表示不满，在影片播放到屠杀画面的时候，这对情侣居然发出了笑声。当慰安妇的悲惨遭遇出现的时候，两人竟然肆意地评论慰安妇的身材，又再一次笑了。在他们眼中，这部充满悲情色彩的爱国片仿佛成了喜剧片。

现场的观众被他们的行为激怒了。影片播放到一小时的时候，后排的一位老人愤然斥责了这对情侣，并让他们立即停止这种恶劣的行为。就在这对情侣想要反驳的时候，周围的观众嚷着要将让他们赶出去。这对情侣看到这种情况，就不再出声了。大约10分钟过后，他们悄悄从侧门出了影院。

由此可见，那对情侣由于缺乏基本的是非观和自我约束能力，成为了众矢之的。

（2）歌剧院。

一般的歌剧院，在节目即将开始的5分钟前，灯光会闪烁几次，这是告知观众赶快回到自己座位上的意思。假如自己所在的那一排座位中已经有其他人就座了，在经过他们面前时应表示歉意，并小心行事，避免碰到已经坐好的人。

歌剧院的空间一般都很小，所以，每个人的活动空间非常有限。这就需要观众时刻自我约束，不要越出自己的空间，也不要有随意摆动身体或是乱扔垃圾等影响他人的行为。

特别要注意的是，在离场时应尽量保持安静，并保持座位的干净整洁。一位经常听音乐会的人这样说："一些人听完音乐会之后，表现得特别没素养，将各种垃圾留在座位上，使得整个演出会场变得异常脏乱。"

如果经常带孩子去看演出，最好提前准备好一个小袋子，离场时将垃圾放入袋子装好，之后扔进垃圾箱。 出场的时候，不要大声喧闹，也不要立刻对音乐会做出评价。 若是自己对这场音乐会并不满意，也要在出去之后发表自己的意见。

在歌剧院还需注意一个十分重要的环节，就是鼓掌。

鼓掌也是一门学问，适时的掌声代表了观众对演出者的响应，但若是在不适合的时间鼓掌，往往会起到负面效果。 通常来讲，鼓掌不能在乐章之间。 乐章之间的停留并非作品整体的结束，这时要做的就是等待，鼓掌是不可取的。

只要指挥的手未落下，就表示音乐会还未结束。 假如不能确定演出是否完毕，可以通过指挥或是演奏者的行为来判断。 一般来说，音乐结束后会有一小段属于观众的时间。 因此，在音乐停止的 3 ~ 5 秒之后，响起热烈的掌声，就将整场音乐会推向高潮。 当然，有时候也需要在乐曲进行中鼓掌。 需要营造气氛时，指挥会面向观众打拍子来向观众示意。

2. 在场馆遵守社会公德

博物馆、图书馆、游泳馆是人员较为密集的地方。 带孩子去这些地方，不仅可以让她们学到更多知识，还能开拓她们的眼界。 假如孩子在游览场馆时不遵守场馆制度，即使学到了知识也是舍本求末。 因此，在去这些场馆之前，需要向孩子仔细解释场馆准则，要孩子遵守社会公德。

（1）参观博物馆。

博物馆的环境相对特殊，里面展出的是极具历史文化价值的展品，所以，博物馆对馆内环境与参观人员都有较高要求。

在着装方面，参观者应保持整齐的着装才能与馆内较为严肃的环境相协调。 特别是夏天，背心、短裤、拖鞋等是坚决杜绝的，这不仅是对其他参观者和馆内工作人员的不尊重，还是对展品的亵渎，也会使整个氛围遭到破坏。

博物馆中不能大声喧哗。 因为只有在安静的环境下，参观者才能静下心来感受展品所传递的意蕴。 所以，参观的人应该尽量保持安静，切忌高谈阔论、大声喧哗。 一些人在看到自己喜欢的展品时，往往会激动地高声呼唤其他人来观赏，这种做法会扰乱馆内的秩序，影响其他参观者。

博物馆陈列的都是十分珍贵的艺术品，有些艺术品甚至举世无双、价值连城。 但总有些参观者想要触碰一下展品，这会"伤害"这些艺术品。 许多博物馆都禁止参观者用手触碰展品，对那些特别珍贵的文物，博物馆也采取了各种措施，例如设玻璃罩、隔离线等。 可是这样的措施只针对少数展品，更多的是需要参观者自觉遵守规定。

另外，还要让孩子知道，在博物馆里拍照时别用闪光灯。因为很多珍贵的文物都不能用强光照射，例如历史名画、古代彩色塑像等。 强光会让这些文物迅速老化，有时造成的损坏甚至是永久性的。 所以，我们不得不放弃照相留念的想法，尽量不要拍照，才能保证展品的完好无损，以供更多的参观者欣赏。

事实上，每一个展馆都有很多写满了各种注意事项的提示牌。 可是这些提示牌常常被参观者忽略，有些参观者总是拿提示牌上类似的问题询问工作人员。 这样不仅耽误了自己的时间，也会在无形中给工作人员添加许多负担。 所以在参观之前，应告诉女儿多留心提示牌，而不是一有问题就去咨询工作人员。

（2）进入图书馆。

周末的时候，带着孩子去图书馆读书，是一件既能放松心情，又能拓展知识的事情。图书馆也是公共场所，所以，要保持良好的阅读环境，就需要每个阅览者遵守图书馆的规章制度与公共场所的行为准则。

去图书馆要保持整齐的着装，进入时，要依次排队进入，切忌争先恐后和插队。坐下看书的时候，不要为还没到场的人占座，也不要和别人争抢座位。

保持图书馆的安静和卫生尤其重要。当人们沉浸在心仪的作品中时，那"沙沙"的翻书声，可以给人带来享受。尤其需要注意的是，女孩最好不要穿高跟鞋入内。否则，图书馆里都是鞋跟的声音，人们就没有了看书的闲情逸致。

要爱护图书馆的书籍。作为公共财产，图书应该受到大家共同的保护，杜绝个人损坏。如今，许多图书馆都有复印和照相的地方，我们完全可以在图书馆里复印或是照相以得到我们所需的资料，不可以因为喜欢书中的某一部分内容而撕毁图书。

另外，所借的图书要做到及时归还。"流动中才能体现图书的价值。"每一个图书借阅者都应该懂得这个道理，尽量让图书的价值达到最大化。特别是一些当下非常受欢迎的书，更要赶快看完还回去，不要影响别人。借到好书就无视时限迟迟不还，这是缺乏社会公德的表现。

（3）进入游泳馆。

有的父母时常会带着孩子云游泳。游泳可以促进孩子的发育，使孩子的心肌生长得更好，有利于新陈代谢，使孩子的身体在将来能够承受更大的体力负荷。游泳的动作复杂，要靠大脑的支配才能完成，所以游泳也有利于大脑发育，会使大脑对外界反应更加灵敏，使孩子的智力发育得更好。因此，应该时常让孩子去游泳。

所有的体育项目都一样，参与者必须将生命安全放在首位，这样才能体会运动带来的乐趣。当我们带孩子去游泳的时候，必须在保证安全的前提下进行，并且牢记游泳的相关细节与守则。

孩子在游泳的时候一般都会很兴奋，注意不要让她们在地面湿滑的泳池边嬉戏追逐。不要让孩子坐、卧在分隔水道和消波用的水道绳上，这样不但危险，还可能使其他人受到影响。游泳的时候，若是多人同时在一个水道中，要保持和别人的方向一致。在游泳的过程中，不要横着游或跨越水道，这样会造成一定的危险。

游泳池通常会按照不同需求被划分成若干区域，主要有教学区、练习区、快游区等，要根据孩子的情况选择适合孩子的游泳区域。要跟其他游泳的人保持 3 米的间距，当有想要

"超车"的人碰到我们的脚时，就要向旁边靠一下留出中间的泳道让给他们。想要休息的时候，要尽量靠向水道线，以避免打扰其他人。

此外，游泳之前还要告诉女儿，不能身着过于暴露的泳装。假如泳池中的人很多，还要提醒她注意防范非正常的异性接触，要从小树立安全意识。

对不起。今天下课的时候，我不小心把芳芳忘在游泳馆了。

芳芳，你怎了么？快别哭了。

好了，没事了。教练也正在为这件事情难过呢！她也不是故意这样做的，你亲一下教练，她需要你的安慰哦！

大方、宽容地谅解别人的过错是与人快乐交往的基础，对孩子健康个性的养成，特别是情感的健康发展具有重要意义。

教练，你不要难过了，我已经没事了。

高情商家教思维

1. 怎样使女儿建立良好的人际关系？

_____

_____

_____

2. 女儿有哪些不礼貌的行为？ 你准备怎样帮助她改正？

_____

_____

_____

3. 在和别人发生争执时，如何教育女儿尊重对方？

_____

_____

_____

4. 怎样帮助女儿养成赞美他人的习惯？

_____

_____

_____

5. 怎样培养一名举止优雅的女孩？

_____

_____

_____

第六章

受益一生的自立教育

让女儿多做家务活

　　孩子该不该做家务活？ 对于这个问题，很多父母都存在矛盾心理。 有的父母心疼孩子，不愿意让孩子受累；有的父母怕孩子做不好，怕孩子被开水烫到，被东西砸到……稍微长大一些，女孩又知道爱美了，会嫌累嫌脏。 结果造成很多女孩都不爱做或者不会做家务，嫌做家务累，觉得那是父母理所应当做的事，不知道帮父母分担。

　　怎么才能使这个问题得到解决呢？ 事实上，没必要把女孩想象成那种柔弱的样子，女孩在小时候会对做家务感到好奇，这时可以让孩子做一些简单的家务，例如擦桌子、扫地，四五岁的小女孩都会很好地完成。 别担心孩子做得不好，只要孩子开始去做，就已经是很大的进步了。 当女儿完成一些家务活时，父母可以鼓励她，也可以用物质奖励，但是切记绝不能让女儿认为做家务活就会有奖励，应该让孩子树立劳动意识。

　　一些研究发现，孩子在 2 ~ 7 岁的时候，感觉模式行为开始形成。 相对具体性、不可逆性、自我中心性是这个阶段的特点。 "自我中心性"是指儿童只会以自己的经验为参考，理解别的事物的时候要参照自己，而对于他人或外界的事物认识不足，也不能意识到自己的思维过程。所以，2~7岁时的思维又称自我中心思维。

如果女孩处在这一阶段，做家务是一种很好的体验。孩子在学习父母做家务的同时，会根据自己的体会来感受父母的辛苦，在这种体验的作用之下，女孩就会主动对父母表达感恩之情。

圆圆上四年级的时候，语文老师让大家写一篇作文——《第一次做家务》，从来没做过家务的圆圆不知道如何写。圆圆写春游、花草之类的题材都很拿手，因为那都是自己经历过的事情，有素材可写，可是这回，圆圆如何也写不出来，所以只能编了一篇作文写自己的洗碗经历。

老师通过作文一眼就看出来圆圆根本不会洗碗，所以在点评作文的时候又布置了一项作业：回到家做一件家务，然后跟作文里面所写相比较，把体会和感受写下来上交。

当天吃过饭后，圆圆就抢着跑去洗碗。这时，圆圆才体会到，家务活看着简单，做起来不容易，手上油乎乎的，非常难受，腰酸背痛，她这才体会到父母平时很辛苦，觉得自己应该学会帮父母分担家务。在交给老师的作业中，圆圆是这样写的："昨天我第一次洗碗，以后，我也要学着做家务，让爸妈省心，他们真的很辛苦。"

孩子有很强烈的公平心理，假如父母让孩子做家务的时候自己却不动手，孩子会感到不满。所以，可以和女儿约定好妈妈做什么，爸爸做什么，她做什么，确定好每个人的分工。

　　女孩都希望得到夸奖，特别是她很努力去做的事情。父母应该及时鼓励孩子，让孩子明白自己所做的事情能够让爸妈开心，以使她很愿意继续坚持去做。

过度保护的孩子长不大

惠施和庄子都与魏王交好。一次，魏王把一些大葫芦种子送给他俩，并对他俩说："这些种子种下去，可以结出很大的葫芦。比一比，看你们俩谁种的葫芦大，我重重有赏。"

惠施和庄子高兴地把种子拿回家，埋在地里。

为了能够胜过庄子，惠施对这些种子很是用心，每天精心地施肥、除草。而庄子，从来不给葫芦苗施肥、除草，只是每隔一段时间来查看一下，看看葫芦苗有没有什么异常的情况，没有异常情况就不管了，去做别的事情。

不久，惠施的葫芦苗全都枯败了。但庄子的葫芦苗却长得很好，最后还结出了大葫芦。惠施不解，就请教庄子："先生，我那么用心地栽培，可是一株苗都没活，您管理得没我用心，可是葫芦为什么还长得那么好呢？"

庄子笑着说："你的想法不对，事实上我没有不好好管理啊，只不过和你用的不是一个办法。"

"那您是怎样管理的呢?"

"我管理的方法就是自然之法!我会不时去看看地里的葫芦苗生活得是不是快乐,假如它们很快乐,我就不会管了。而你却忽略了它们的感受,一味地施肥,它们怎么可能存活下来呢?"

"所以说,是我害了它们?"

"对啊!你的出发点是好的,但是自然之法才可以得到自然万物的拥戴。"惠施明白了。

这个故事对教育孩子也很有启发意义。在孩子的成长过程中,存在着一种陷阱,这种陷阱是由过分庇护孩子的父母亲手挖掘的。当孩子掉进这种陷阱后,他们犯错误和改正错误的机会就被剥夺了。

父母都会保护自己的孩子,每一个父母都把满腔的爱倾注给了孩子。但是,保护过度就不好了,那样会使孩子更加依赖父母,变得软弱,也会丧失独立性。

据报道,有个小女孩刚刚 8 岁,因为一次偶然的迷路,她的母亲觉得"再也不能离开女儿了",便辞去自己的工作,每天在家照顾孩子。

类似这样的例子,在生活中还有很多。很多家长对孩子过度关心,事事依着孩子,怕孩子吃不饱、穿不暖、被别的小朋友欺负……

我们经常会发现这样的现象:家长帮孩子收拾东西,帮孩子做值日,甚至有的家长连家庭作业也帮孩子做了。有一次,一个小学生没有带作业,问其原因,他竟然说是妈妈忘记将作业本装进书包了。

有位母亲，在孩子很小时就离婚了，孩子便承载了母亲所有的爱，母亲对孩子的要求都给予满足，就差没有把天上的月亮摘给她了。 孩子因为母亲的娇惯和纵容，形成了"唯我独尊"的心理。 在学校，不拿老师的话当回事儿；在家里，一不高兴就发脾气；在社会上，经常与人结怨，最后走上抢劫的不归路。

　　此外，还要提到的是，父母对孩子的过度保护反映出的是一种自私心理。 因为对孩子行动的禁止和干涉，才是导致父母溺爱孩子的原因。 父母总觉得自己是为孩子好，总是以自己的视角判断事情该不该做，从来没有考虑过孩子是否真的需要自己的帮助。

　　虽然父母是出于对孩子的关心，但却忽视了这种接二连三的禁令会让孩子失去自主的能力，甚至会成为"无力量""无意欲""无关心"的"三无"人员。 从某种角度上说，对孩子的过度保护，是在剥夺孩子的自主意愿，会使孩子丧失独立性。

　　如今，某些孩子生理心理机能退化也跟父母过分保护脱不了干系。 一些家长让孩子在做作业上成为"高压锅"，又尽自己所能给他们创造好的生活条件，导致孩子头脑发达，四肢无力。 孩子的身体机能因为环境的舒适逐渐退化。

　　因此，不能一味满足孩子的物质需求，不能剥夺她发展自身能力的机会。 要及时关注女儿的需要，不要在孩子身上强加自己的意愿。

　　当孩子没有了父母的庇护，独立意识就会慢慢复苏。 所以，父母应该学会放手。

培养女孩坚持不懈的品质

　　青春期女孩年纪尚轻，生理、心理、思想都还没有成熟，世界观、人生观、价值观、审美观都还没有形成，人格还没有健全，又缺乏社会阅历、处世经验，辨别能力不强。因此，青春期女孩对是非、美丑、好坏的判断能力较差，而强烈的求知欲和好奇心，又使得她们对所有信息几乎全部接收。青春期女孩还生性好动，容易冲动，喜欢模仿一些行为，甚至把某些坏人当作英雄来模仿，或者模仿电子游戏中的"老大""英雄"来行事。有的青春期女孩的思想发生了偏差，甚至步入了人生的误区，走上了违法犯罪的道路。

　　青春期女孩遇到的种种问题与矛盾，都与她们的意志不坚强有重要的关系。在家庭教育中，应该培养青春期女孩坚强的意志品质，健全她们的人格，这对青春期女孩的学业、将来的事业乃至整个人生都非常重要。

　　坚强的意志品质，是人们在从事有目的的活动时排除干扰、克服困难、战胜挫折、抵制诱惑、实现人生远大目标的重要保障。居里夫人说："人如果没有毅力，将一事无成。"意志薄弱的人，大多贪图安逸，只讲享受，不能吃苦，不想付出。 他们做事无恒心，往往浅尝辄止，遇到困难、挫折，就灰心丧气，就退缩、逃避。 有的不能坚持到底，或半途而废，或功亏一篑，都以失败告终。 有的受失败的打击，走向人生的低谷，或一蹶不振，或沉沦。

意志品质不坚强的女孩，很容易受不良思想和行为的影响，也很容易被金钱、地位所迷惑。 轻则影响品德、学习、工作、身体；重则腐化、堕落、犯罪、身败名裂，毁掉大好前程，葬送美好人生。

在人生的道路上，难免遭受失败，在很多情况下，并不是因为不聪明，而是因为缺乏坚强的意志品质。 实际上，人每天都面临着正确与错误、应该与不应该、坚持与放弃等方面的选择。 意志品质坚强的人，对自己的人生目标以及行动的动机、目的有清醒、深刻的认识。 因此，他们做事能坚持不懈，持之以恒。 即使遇到困难、挫折，也不会退缩、逃避，而是迎难而上，向困难、挫折挑战，勇敢地面对，力争战胜困难和挫折，不达目的绝不罢休。

意志品质坚强的女孩，能坚定正确的人生方向。 在遭受挫折时，她们可以调节自己的消极情绪，控制自己的言行，不灰心，不气馁，不焦躁，善于找出遭受挫折的原因，吸取教训，重新站起来，走向成功。 因为有坚定的信念，所以她们能以顽强的精神、百折不挠的毅力、坚忍不拔的意志，战胜困难和挫折，善于把前进道路上的绊脚石变为垫脚石，从而获得成功，实现人生目标，体现生命的价值，享受真正美好的人生。

做任何事情，要想取得成功，都必须有坚强的意志品质和坚持不懈的行为习惯。 作为父母，要培养女儿这种品质和习惯，鼓励女儿用坚忍不拔的毅力，去面对困难和挑战。

　　培养女孩坚强的意志品质，需要深入到她们日常学习和生活的各个方面。 父母要鼓励女儿坚定正确的人生方向，所思所想、所作所为，都不能偏离自己的人生目标，要增强防范和抵制各种不良影响和诱惑的能力，培养良好的行为习惯、高尚的兴趣爱好、吃苦耐劳的精神、勤俭朴素的作风和遵纪守法的意识。 要鼓励和引导女儿多参加有益于身心健康、积极向上、有意义的活动，读健康的书报，浏览健康的网站，刻苦学习，乐观生活，真诚做人，老实做事，坚持做正义的善事，不做于己于人不利的事。 若做错了事受批评时，要虚心接受，努力改正过错；遇到困难、挫折时，要有勇气面对，并顽强地战胜困难和挫折；在学习上遇到难题时，要用心思考，想方设法解决；考试成绩不理想时，不气馁，要振作起来，要有自信心，积极找出原因，改进学习方法，端正学习态度。 父母应该让女儿既能看到自己的优点，发挥自己的潜能，也能正视自身的弱点，不沮丧，不自卑，不放弃自己的追求。

　　坚持就是胜利，坚强就能成功。 要鼓励女儿坚持做事，坚决把每一件事情做完，以此来磨砺她的意志。 然而，不少父母总是对女儿"心太软"，对女儿的一切大包大揽，进行"一条龙""全方位""系列化"服务，饭来张口，衣来伸手，白天接送，晚上陪读，直到填写志愿，"设计"前程。 这种情况下，女孩成了父母怀里抱大的一代，如同温室中的花朵患了"软骨症"，见不了世面，经不起风霜，所以不具备坚强的意志和毅力。

　　青春期女孩大多处于中学阶段，学习任务重，课业压力比较大。 作为父母，可以通过引导女儿学习来磨砺她的毅力。

学习是一项巨大而艰巨的工程，不是靠一时热情就能完成的，仅有浓厚的兴趣是不够的。 学习需要持之以恒的努力，无论是春夏秋冬，还是晴天下雨，都要坚持不懈——由小学到中学，由中学到大学。

青春期女孩的未来之路还很漫长，作为父母，需要培养女孩坚强的意志和坚持不懈的品质，这样她才能在未来的道路上继续前进。

跟女儿讲，行动比眼泪更有用

文学作品中的女孩子，大多娇喘微微，似弱柳扶风；泪光点点，如梨花带雨。虽然哭是女孩的发泄方式之一，但总是哭哭啼啼的女孩却不怎么招人喜欢。

芬妮是家中的独生女，深受爷爷奶奶宠爱。她很可爱，聪明伶俐，很招人喜欢，但就是太喜欢哭了。她从小就很爱哭，父母认为长大了就会好了。令人无奈的是，她读高中了依然如此：考试没考好会哭，被老师批评会哭，与同学闹矛盾会哭，就连父母说她两句也会躲在房间哭个不停。芬妮没有什么好朋友，就是由于她太爱哭了。男孩都叫她"泪汪汪"，女孩们则在私下喊她"水汽包"，芬妮还为此大哭了一次，让爸爸妈妈爷爷奶奶手足无措。

芬妮的妈妈一直想治一治她这个毛病，因为妈妈知道，这个性格到了社会上将会寸步难行。虽然在家里哭会有人让着她，但经常在外面哭，别人就会嫌弃她，不愿意与她共事。直到有一天，芬妮的妈妈在读报时看到一则故事，感受颇深，于是就把这个故事讲给芬妮听。

故事的主人公是吴健雄，像是个男孩子的名字，但其实是一位被诸多诺贝尔奖获得者推崇的女性，她在科学领域的成就堪比居里夫人。

吴健雄出生在江苏太仓浏河镇，这个小镇地处江南，小桥流水，烟雨蒙蒙。她的父亲很开明，在上海南洋公学上过学，并且参加了由蔡元培先生主办的倡导"学术自由、兼容并蓄"的爱国学社，还是同盟会的成员。

父亲多才多艺，曾动手组装了一部收音机，让她听到了广播的声音，而且还为她买了百科丛书，给她讲述科学趣闻。时人固守"女子无才便是德"的观念，然而这个开明的父亲却鼓励女儿读书。吴健雄7岁的时候，便踏进学校接受启蒙教育。在不上课的时候，父亲还领着她纵览家乡的历史古迹，向她讲述了郑和下西洋的历史故事。

在苏州女师读书时，吴健雄去听了胡适先生题为《摩登妇女》的演讲。胡适先生的一席话让台下的吴健雄大开眼界，当得知胡适第二天还会在东吴大学演讲之后，她又前往东吴大学再次聆听。胡适对社会改造、对新时代妇女的见解，令她敬佩不已。一个普通女性内心对知识的好奇心理被彻底激发。

因为吴健雄在苏州女师表现优异，1929年被保送到国立中央大学。但是当时有规定，一定要教书一年才能入学，于是她就跑到上海的中国公学读书。当时胡适并不了解她，只是听说她是个成绩优秀的学生。

某次胡适监考历史，他发现前排的一个女生在两个小时的时候就答完了试卷并且要第一个交卷。胡适看完她做的题，非常满意，并把卷子送到了教务处。正巧遇上另外两位老师，胡适兴奋地说："我第一次遇到这么优秀的学生，对清朝的思想史能理解得如此透彻。"于是，胡适决定给她满分。那两位老师也说有个女生很聪明，经常拿满分，结果他们3个发现自己说的都是"吴健雄"。

　　从此，胡适认定吴健雄将来必定会有一番作为。1936年，吴健雄离开中国到美国的加州大学攻读博士。刚开始，她连英语都讲不好，但几年之后，她已经可以在世界上最好的实验室工作了。

　　当她参加哈佛大学300周年纪念演讲的时候，胡适顺道去看她，并且给她写了封信，信中说："你是很聪明的人，千万珍重自爱，前途必将不可限量。""你在海外驻留期间，多留意此邦文物，多读文史的书，多读其他科学，就会拥有开阔的胸襟，敏锐的头脑。"

　　都说读书人"家事国事天下事，事事关心"，吴健雄虽然是一名女性，却也十分关注国家命运。她的大学时代正值民族危亡之时，她便在校用功读书以便将来报效祖国。"九一八"事变发生时，莘莘学子愤然前往街头参加示威，而吴健雄物理系的同学都推荐她带领游行请愿。

　　留美期间，她见到故友经济困难，便主动搬着他的行李到自己家里，而且给他安排了一个宽敞的房间，并且高价购买同学的作品。由于在物理学上的突出贡献与杰出的人品，她被誉为"东方居里夫人"。有人说："综合来看，吴健雄比居里夫人还要优秀。她不只有教学的才能，而且还在管理和领导上展示了自己的才华，平易近人的待人接物方式，实在让人佩服。"

吴健雄在物理学方面贡献突出，但她却没有获得诺贝尔奖。许多人为她鸣不平，为西方对东方女性的偏见而呐喊，吴健雄本人对此事却很淡然。

吴健雄生活很节俭，但是为了设立"吴仲裔奖学金"，她慷慨捐出百万美元。1992 年，4 位华人诺贝尔奖得主：李政道、杨振宁、丁肇中、李远哲，在中国台北建立"吴健雄学术基金会"，以此给吴健雄祝寿，她婉言谢绝。吴健雄说："我不喜欢出风头，做研究是我的本分，我只是运气好，成果还不错而已，不必设立这样的基金会。"

"真的想不到，科学界还有此等女强人。"妈妈在讲完吴健雄的故事后一直在等芬妮说话，但是她没有说话。她自己拿起报刊，又把故事读了一遍，然后对妈妈说："妈，给我买一本吴健雄的传记好吗？"妈妈听后十分高兴，给芬妮买了好几本女名人的传记，并和她一起读。不久，这个爱哭泣的小姑娘果然戒掉了爱哭的毛病。

女孩都有一种"表演"的情结，你越在意她的言行举止，她反而更会那么做。比如，有些女孩会在有客人的时候显得娇气，在家人面前就会很平静，这也是人之常情。但是如果一个女孩因为一件小事情掉眼泪，并且是故意给你看的，你应当转过头装作没有看到，像平常一样该做什么做什么，就像她不存在一样。一旦她发现没人在意，自己就会偃旗息鼓，久而久之她也就觉得没意思了。

当孩子发脾气的时候，可暂时置之不理，等她觉得没意思了，自己也就停下来了。但是要注意，倘若女儿真的遭遇伤心的事或者遭遇重大挫折十分伤感的时候，父母应陪在女儿身边。

◇ 让女儿多做家务 ◇

回到家做一件家务，有什么体会，把感受写下来上交。

《第一次做家务》

洗碗真的不像看起来那么简单！

孩子有很强烈的公平心理，假如父母让孩子做家务的时候自己却不动手，孩子很可能会感到不满。所以，可以和女儿约定好妈妈做什么，爸爸做什么，她做什么，定好每个人的分工。

昨天我第一次洗碗，以后，我也要学着做家务，让爸妈省心，他们真的很辛苦。

高情商家教思维

1. 在家里女儿做家务吗？ 她会自觉整理自己的房间吗？

_____

_____

_____

2. 女儿的意见在家里能得到重视吗？ 她能自己做主吗？

_____

_____

_____

3. 你过度满足孩子的各种需求了吗？

_____

_____

_____

4. 在培养孩子意志力方面，你是如何做的？

_____

_____

_____

5. 你认为应该怎样培养孩子的自立能力？

_____

_____

_____

第七章

让女孩爱上学习

谈理想，避免学习倦怠

　　现在的家庭教育专家大都主张无论男孩还是女孩，都应该从小立志，这足见理想、志向对孩子一生的重要性。 孩子如果从小就没有远大的理想，就很难有孜孜不倦的人生，这几乎是不言而喻的道理。

　　然而，到底如何把理想教育贯穿到底，又是一门很大的学问，其中的道理并非人尽皆知。 青春期无疑是为女孩树立理想的最佳时期，这一时期女孩心智尚未成熟而正待成熟，理想对于女孩来说可能还是朦胧的。 可是，有的父母在对女孩进行理想教育时，往往以偏概全，把自己人生中一些真知灼见传递给女孩的同时，也错误地把一些带有个性的、偏见的认识不自觉地教育给了女孩；有的父母由于自我并不注重积累生命的真谛，在女孩的理想教育中往往流于形式，过于随意；还有一些父母，表面看是在进行理想教育，大有咬定青山不放松的劲头，但最后其理想教育又显得过于武断与主观，所以并没有达到理想的效果；更有一些父母，在进行理想教育时虎头蛇尾，和女儿大谈持之以恒，可是没有多久，自己却半途而废。 这些做法都是不可取的。

每一位父母都望子成龙、望女成凤，希望自己的孩子表现得优秀点儿，再优秀点儿。于是，过于重视孩子的成绩、特长，为孩子订立很高的标准，而忽视了孩子内心的真实理想。

　　一位心理学老师在一次心理训练课堂上问一群初三的学生："大家觉得辛苦吗？请认为辛苦的同学举一下手。"这位心理学老师以为会有很多人举手，因为这群初三的学生学习非常刻苦，往往学习到深夜，没有周末和节假日，但没想到举手的同学寥寥无几。这位老师心中充满了疑惑，于是又对同学们说："请认为自己的学习不苦的同学举一下手。"没想到还是很少人举手。这位老师想了想，再一次对大家说："觉得自己应该更刻苦、更努力一些才能取得好成绩的同学举一下手。"这时，几乎所有的同学都毫不犹豫地把手举了起来。老师请大家把手放下，又对大家说："觉得自己的学习应该可以更轻松一些的请举手。"这次没有人把手举起来，教室里静悄悄的。这位心理学老师其实还有一个问题没有问，那就是"认为自己是为了实现理想而学习"。心理学老师之所以没有问，是因为他已经猜到了答案，那就是"没有"。这是一群重点中学的学生，是整个地区学习成绩最为优秀的孩子，他们的学习已经非常刻苦，但在他们的脑海里，却一直认为自己还不够努力，还不够刻苦，如果更努力一些就好了。然而，就是这样刻苦的孩子，却没有人问一问他们的理想究竟是什么，他们是不是真的很喜欢这样刻苦努力、一门心思地学习。

"学习是苦的，它不应该是轻松的事，如果学习充满了乐趣，那是不对的，或者是不可能的，即使有快乐也应该是苦中作乐。"这是大多数青春期孩子一种根深蒂固的思想。这种思想将女孩们的理想消磨殆尽，而作为家长却还为这种思想加油喝彩。

社会的竞争性，时代的快节奏，使得很多父母把这种刻苦学习当成了促使女孩立志的捷径，然而很多父母却忘了问一问女孩是否有理想。最终，这种"学习是一种艰辛的事"，要有"头悬梁锥刺股"的精神，便使得大多数青春期女孩产生了学习倦怠心理。

学习倦怠是青少年学生中常见的学习心理障碍表现形式。倦怠感，实际上就是当人们被迫不断重复进行某种并不想从事的活动时产生的身心应急现象。当一个人打心底里不想从事某种活动，但又无可奈何时，会通过一系列心理和躯体反应婉转地宣泄这种不满情绪。而此时，如果父母能够静下心来，仔细听一听女孩谈一谈她的理想，不免为一种好的方法。

让青春期女孩消除学习倦怠感，就要让她对学习产生浓厚的兴趣，而兴趣的来源就取决于是否与她的理想挂钩。要做到这一点，父母先要听一听女孩的理想，然后帮助女孩分析其理想变成现实的可能性。首先，父母应当让女孩明白，不管一个人的理想是什么，最基本的是要掌握好基础知识。接着，父母可以帮助女孩列出一个实现理想的步骤，明确学习的意义，让女孩知道自己是为什么而学，知道将"自己打造成什么样"。

和女儿一起制订学习计划

　　一个好的学习计划要有合理的时间安排和明确的学习目标。 学习计划的周期有长有短，但无论哪一种，都要坚持不断，才能完成计划，达到目标。

　　长期的学习计划是指为了让学习水平上升，制订较长一段时间里的学习安排。 因为孩子不可能预知较长时间内发生的事，所以长期的学习计划具有很强的变动性。 因此，长期的学习计划只需要有一个大概框架就可以了，不用太过具体。

　　首先，学习目标应该是明确的。 比如在这段时间里，孩子想达到一个什么样的目标。 其次，长期学习计划中应该有具体的学习内容。 比如，孩子的几何成绩不好，那么就可以制订出一个长期的几何提高计划，确定要学习和巩固的内容，然后按部就班地完成。

　　短期的学习计划是对长期学习计划的补充。 比如，女儿决定在一个月里背诵200个单词，为了实现这个长期计划，女儿需要确定每天所要背诵的单词，这就是短期学习计划。 相较于长期计划，短期计划是具体的，每天用多少时间学什么内容都要计划好。 如果当天的学习效果与计划有出入，可以适当调整第二天的学习计划，这样计划就会越来越成熟，更加容易执行。

学习计划的制订也要切合女儿的实际情况，不能一蹴而就。如果制订一个远远超过女儿能力的计划，就没有可行性，最终只能放弃。制订可行性计划后，家长要对计划的执行进行督促，因为只有坚持不懈，才能够实现整个长期计划，最终取得满意的效果。如果只是三分钟热度，学习计划再完美也是空谈。

制订学习计划让女儿在规定的时间内实现学习目标，避免浪费时间，提高学习效率，可以训练她的专注度，这有利于她养成良好的习惯。

1. 家长要帮助女儿制订科学的学习计划

学习计划务必要制订得科学合理。应该让女儿知道，生活中除了学习，还包括许多其他有意义的事情，因此，孩子不能拒绝参加其他活动，每天只知道学习。要鼓励孩子多参加一些集体活动，这有助于培养孩子的交际能力，增强集体荣誉感。在学习的同时，让孩子参加其他活动，使其身体得到放松，也有助于提高孩子学习的效率。

2. 家长要注意提醒女儿：有计划就有变化

计划定得再完美，也会因为一些变化中断。比如，本来今天有学习任务，但突然远道而来的朋友邀请孩子一同出去玩耍，孩子也无法拒绝。这时候，父母就可以让孩子根据这些变化对自己的学习计划进行调整，让孩子知道计划的变动性，在下次制订计划时特意留一些应对变化的空间。

增强孩子学习的恒心和毅力

毅力是指坚强持久的意志。当孩子具有了这种品质以后，她们就不会因一时的困难而气馁，也不会因内外干扰而分心。人的认识活动充满了各种各样的困难，人的意志总是与克服各种困难相联系，并在有目的的行动中表现出来。爱因斯坦说："优秀的性格和钢铁般的意志比智慧和博学更为重要。"在日本，人们推崇所谓"忍术"，并且有一种"忍术的修行法"，其中有一个训练跳高的方法：种下火麻，使其生长，每天在它上面跳越。日本著名教育家铃木认为这是培养非凡能力的好方法，值得采用。

火麻时时刻刻在生长着，如果每天都在火麻上跳越的话，跳跃能力会逐日提高。随火麻的生长而每天练习跳越的人就会轻而易举地、自然而然地跳越过去。由此可见，悲叹自己无能的人是多么无知啊！

"能力，只有通过努力才能掌握，只有通过反复做才能熟练掌握。"这是铃木的自戒。

有一次，铃木把自己说的"生命在音乐中无形地成长"这句话写在了 1500 张诗笺上，准备把它送给学生们。铃木利用晚睡或早起的时间去写，有人说："你这样做太辛苦了。"但是对于铃木来说，这样做不但不辛苦，反而很高兴。既然写就想写好，每写一张，他嘴里就不断嘟哝着："写得再好点，写得再好点。"

对于不是画家的铃木来说，写好字是相当难的。尽管这样，每当写一张，他就增加了一份信心和力量，终于写得越来越漂亮了。同是一张诗笺，但字写得一张比一张好，这就是难以形容的反复做的妙趣啊！

在松本音乐学院有一个6岁的孩子，名叫纺子，行动极其缓慢，做任何事情都比其他孩子完成得慢。铃木把纺子放到其他孩子中间一起培养。

在教室里，并排站着几个与纺子年龄差不多的孩子。老师站在他们的面前，喊道："好，一、二、三！"

当喊到"三"时，老师立刻把右手举过头顶，让孩子们跟着学。这是对孩子瞬间感觉和快速行动的一种训练，是拉好小提琴的基本功。

孩子们最喜欢这样的游戏。上课前，孩子们高兴地大声喊叫着，同时迅速地把右手举过头顶，只有纺子一个人慢腾腾地举过头顶。

因此，铃木改变了主意，与其让纺子学小提琴，不如培养她瞬间行动的能力。铃木让纺子按自己的速度自然而然地做举手动作，这是对她耐力的一种考验。每逢铃木上课，都让她与其他孩子一起认真玩这种游戏。不久，她便能操作小提琴了。

这种马拉松式的训练持续了十二三年后，发生了令人震惊的变化，纺子成了松本音乐学院首屈一指的伟大演奏家，并成为柏林广播管弦乐团的成员。

孩子即使有什么短处，都不要放任不管，应该经常进行练习。长久的练习可以把其短处变为长处。

1. 教育孩子从小立志

"伟大的目的产生伟大的毅力。""坚强的意志源于崇高的理想。"教育孩子从小立志，家长可用古今中外科学家献身科学的事迹去教育孩子，如我国著名桥梁专家茅以升，一辈子献身于桥梁事业，与他从小受到的教育是分不开的。

南京秦淮河上有一座文德桥，有一年端午节游人为争看龙舟赛把它挤塌了，许多人掉到了河里，淹死了不少人。此事让茅以升小小的心灵受到很大的震撼，从那时起，他就立志要造坚固耐用的大桥，也因此树立了热爱科学、关心社会的崇高理想。

居里夫人为了提炼新元素，花了20多年时间，做了1000多次试验，仅实验废物就有上千吨，最后终于炼出了镭；焦耳没有上过学，他的知识全靠自学获得，为了证明热是能的一种形式，他使用种种方法，做了400多种试验，历经了无数次的失败，最后终于获得了热功的大量的数值；数学家阿基米德在罗马士兵沾满鲜血的利剑面前，临死还高喊："不要动我的几何图！"要让孩子理解马克思的名言："在科学的道路上，没有平坦的大道，只有不畏劳苦，沿着崎岖山路攀登的人，才有希望到达光辉的顶点。"同时，还要使孩子意识到个人的学习与社会进步的关系，从而使他们产生学习的社会责任感。为了贴近孩子的实际，还可以用同龄人的榜样来教育孩子，如某某孩子克服困难获得成功的事例，让孩子看得见，摸得着，可学习。

2. 鼓励孩子不断克服困难

人的意志不是天生的，是在生产、生活的实践中，通过不断克服困难形成的，困难是培养孩子毅力的磨刀石。孩子学习上的毅力，也是在具体的学习活动过程中通过克服困难形成的。

有家长说：我要求孩子一年级总分在班级进入前十名，二年级进入前八名，六年级时要进入全年级前十名，设立这样的目标，让孩子一步一步地去实现，这个过程就培养了孩子的毅力。这样的做法是不正确的，表现在两个方面：一是这些目标是否切合孩子的实际，是否经过努力就能达到？如果孩子不能达到这些目标，遇到的全是失败，毅力从何而来？二是前几名，排第几位，受各种因素制约，本身就不是一个科学的目标。

正确的做法是，从具体问题入手，当孩子在学习上遇到困难时，不断地给予她意志与情感的鼓励。"我知道，这道题你一定能够解答出来。""不要怕，只要理解全面，深入思考，就能够答对这道题。"通过这些鼓励，让孩子从亲身体验中尝到快乐。父母还可根据孩子特点，有意地设置一些困难，如让她跳一跳摘果子，鼓励她尽力跳起，从而培养她战胜困难的毅力。

3. 引导孩子体验成功感

培养孩子克服困难的毅力，与她们是否感受到战胜困难的成功感关系密切。孩子只有在不断克服困难获得成功的过程中，才能养成毅力。家长要以其自身的经验，启发孩子多加思考，教会她们一些行之有效的学习技巧，帮助孩子克服学习上的困难。

必要时，降低学习的难度和要求，也不失为一种好方法。要知道，培养孩子的毅力，不只是针对成绩优异的孩子。有的孩子可能学习情况不太理想，家长可根据实际情况，适当降低要求，使其获得成功，再逐步提高，也能培养孩子战胜困难的毅力。

现代教育提出了终身学习的思想。社会在突飞猛进地向前发展，面对这样不断变化的世界，不能以掌握静态知识的多少来衡量自己的学习情况，关键在于会学习，不断地学习。家长要和老师一道研究孩子的学习过程，培养非智力因素，帮助她们总结学习经验。授之以鱼不如授之以渔。教会学习方法，比学一点静态的知识重要得多。告诉她们学习是终身的事，要活到老，学到老，把学习当作生活中不可缺少的一部分，并从学习中获得无穷的乐趣，做一个真正的现代人。

摆脱考试焦虑症

一位心理学家受邀给某中学初三年级学生做毕业心理辅导讲座，在提问环节，有相当多的学生提出了考试焦虑的问题，其中不乏女生。

一个女孩站起来说："只要一到大型考试，比如马上就要面临的中考，我就会很害怕。不是害怕考不好，而是害怕自己晚上失眠，只要我一害怕，晚上必定睡不着，脑子一直紧绷着，里面轰隆隆响。这样，到了第二天，我就会头痛。只要头痛，我就不能思考问题。这样一来，我复习也不能复习好，考试时也不能发挥好。"

另一个女孩说："我每次考试前都很紧张，常常睡不好觉，吃不好饭，很烦躁，无心做任何事情，有时会无缘无故地冲别人发脾气。在考场上，我也非常紧张，有时会头疼或肚子疼，有时会流鼻血，脸上还会冒汗、手发抖，根本不能静下心来答卷。本来我平时学习挺不错的，可因为紧张，每次考试都考不好，这件事让我很苦恼，我很想改变这种状况。"

这两个女孩的情况都属于考试焦虑，就是在考试等重要场合紧张焦虑，出现一些身体或心理上的不适感，影响水平的发挥。

考试焦虑可能会有身体上的不适，比如头疼、胃疼、喉咙痛、出冷汗、手脚发抖、心跳加快等，也会有心理上的不适，如心虚、过度焦虑紧张、烦躁易怒、情绪波动大等。

女孩考试焦虑的原因有很多，比如父母或女孩自己对考试成绩期望过高，将分数看得过重，担心自己考不好，没有做好各种考前准备，心理脆弱，怕承受失败的打击等。

要克服考试怯场，可从以下方面去做：

养成良好的作息习惯、学习习惯、生活习惯，遇到不愉快的事情及时调整情绪，多与父母、老师和同学交流，保持愉快的心情。

正确对待考试，不要将考试成绩看得过重，不要唯分数论英雄，而要把考试当作检验自己学习情况的一个途径。

做好考前复习，复习要有计划、有重点，抓重点、难点、要点、疑点，重点掌握基本概念、原理、知识点，不必面面俱到。

考前要学会放松，不可花费太多的时间在复习、读书上，要让大脑得到充分的休息，可适当进行一些自己喜欢的娱乐活动等。

考试紧张时，可做几次深呼吸，告诫自己要冷静，多给自己积极的心理暗示，相信自己能发挥好。

如果能用心做到以上几点，就可以逐步减轻考试焦虑的程度。最关键的是，在平日的学习生活中培养平和、良好的心态。

考试焦虑在中学生中是比较普遍的现象。可以说，几乎每个学生在考试时都会或多或少地出现紧张焦虑的状况，只是程度有差异而已。

　　心理学研究表明，考试适度紧张有利于水平的发挥。 所以，女孩如果在考试时有轻微的焦虑紧张，不要有过重的心理负担。 要放松心情，坦然接受它，以平常心面对考试即可。

　　如果考试紧张焦虑的程度比较严重，那就要参照上文提出的办法，设法去改善。

理智应对升学压力

下面是一封高二女孩写来的求助信：

我从小是个好强又很听话的女孩子，学习很刻苦，父母对我的期望也很高。

小时候，妈妈告诉我说："你要好好学习，如果考不上重点中学、重点大学，你就没有一个好的出路和前途。"我相信妈妈的话，我也想有好的前途，所以我学习非常努力。

经过自己的努力，我终于考上了现在的这所重点高中。

上了高中，我给自己提出了更高的要求："我一定要考到班级前三名，否则我就进不了重点大学，也很难有一个更好的前途。"

于是，我更加努力地学习，废寝忘食地读书，除了吃饭睡觉，我花费了几乎一切时间在学习上。终于，高一学年年末考试、高二第一学期期末考试我都考到了全班第二名。

在学习上，我一点也不敢松懈，班级同学的竞争非常激烈，如果我不努力，或者我稍微放松一点，后面的同学就会赶上我甚至超过我。

我很佩服自己，高一、高二，我都没有放松学习，我的学习成绩也很稳定，一直遥遥领先。当然，父母对我的成绩也非常满意。

然而，马上就要进入高三了，随着高考时间的临近，我忽然感到了从未有过的压力，忽然觉得自己活得很累很累，我不知道自己这样强烈地追求考一个名牌大学是对还是错。

在高二快要结束的时候，我甚至想到要放弃高考，我不知道自己怎么会冒出这样的一个念头。

我知道自己实际上是活得太累了，压力太大了。我常常在想：如果考不上大学，我这一辈子就完了。我不知道究竟该怎么摆脱这种压力和困境。

老师，您能帮帮我吗？

看完这封信，我心情很沉重。当前，有很多中学生面临着升学的巨大压力，他们把升学看得比一切都重要，考大学这一目标几乎成了父母和孩子们生活的全部希望。

这当然不是一件好事情，这会导致孩子的生活、学习压力过大，影响其身心健康，当然也会影响到他们中、高考的正常发挥。

作为学生，将考大学作为生活中的一个重要目标，这没有错。而且，青春期女孩也理应努力学习，争取考入更高一级的学校，学习更多的知识和技能。

但是，若将考大学作为人生的唯一目标而否定其他的人生目标，却实在是不可取的。

事实上，生活是丰富多彩的，成才的路也有千百条，实现人生价值不仅仅只有考大学这一个途径，不要将考大学作为人生的唯一目标或终极目标。

要认清自己的优势，发展自己的兴趣和特长，尽可能让自己全面发展，寻找适合自己的人生路，实现自己的人生价值。

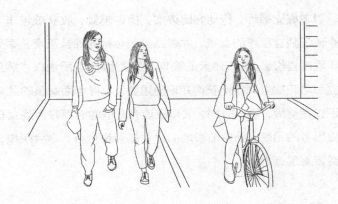

让女儿学会独立思考

思考好比播种，行动好比果实，播种越勤，收获就越丰。一个善于独立思考的女孩，才能品尝到金秋的琼浆玉液，享受到丰收的喜悦。 正如伟大的物理学家爱因斯坦所说："学会独立思考和独立判断比获得知识更重要。"青春期女孩的独立意识正在觉醒，这一时期，父母应该有意识地培养并锻炼女孩独立思考的习惯，循序渐进地引导女孩观察世界，学会想象，变得富有创造力。

小雪正在写数学作业，看见最后一道数学题自己不会做，急忙喊："妈妈，快来帮我的忙，这道题我不会做了！"小雪的妈妈听见后，走到女儿面前，拿起题看了一下，然后告诉女儿应该如何答题。小雪按照妈妈所说的写完了作业，高兴地与伙伴玩耍去了。

这样的事情几乎天天发生，小雪遇到不会的问题就找妈妈帮助也成了习惯。后来，小雪的妈妈发现昨天才给女儿讲的类似的题目，今天她又问应该如何解答。她认识到直接告诉小雪答案有些不妥，应该让孩子独立思考一下，然后引导她如何解答，这样孩子才会记住。

一次，小雪又叫妈妈帮她答题，妈妈让小雪先思考一下，没想到小雪却说："我不会想，你还是把答案告诉我吧。"小雪的妈妈后悔自己没有从最初就教会孩子独立思考。

独立思考是一种能力，这种能力不仅体现在解数学题的过程中，还体现在生活中的各个方面。然而，现在很多父母习惯于给孩子指路，事事替孩子包办，不论是在学习上还是生活上，孩子有什么问题，父母就直接告诉她该怎么做，这样就剥夺了孩子独立思考的权利。

女孩养成了依赖妈妈的习惯后，就不知道什么是思考，也不会去想如何解决问题，一切等待着妈妈给自己出主意、想办法。这样的女孩长大后，缺少创新精神，只会人云亦云，不会有什么大的作为。

独立思考的能力在人的一生中扮演着十分重要的角色。女孩拥有独立思考的能力，才会善于发现问题，能够通过思考、分析找到答案，取得好的学习成绩。而女孩长大后，因为有独立思考的习惯，她的视角会比别人宽广，思维也会更加缜密。因此，具有独立思考能力的人，将比其他人有更多的机遇，更容易拥有成功的生活和事业。

因此，每个妈妈都要尽早培养女孩独立思考的能力：从生活上的事情开始，让女孩多动手，多参与；妈妈决定什么事情，也要多征求女孩的意见；女孩做错了事，妈妈应进行引导，而不是告诉她如何去做；保护女孩的好奇心，鼓励女孩多探索；女孩钻牛角尖时，让她学会多角度考虑问题等。

具体说来，可以从以下几个方面入手，提高女孩独立思考的能力。

1. 创造一个思考的氛围

创造一个思考的氛围，对青春期女孩形成独特的个性，养成有创新性的思维、举动很重要。父母不能因为孩子小，需要成人照顾而把她看成是成人的附属品。女儿也是一个完整、独立的个体，父母应该允许她有自己的世界，有自己的空间。父母不妨与女儿一起逛博物馆、动物园、科技馆，和她一起阅读或看电视，然后问女儿看到了什么，听到了什么。只有保持家庭成员之间的和睦相处，平等生活，遇事互相探讨，共同商量，让女儿在平等的气氛中长大，没有拘束和压力，才能让她有开放的思维、愉悦的心境，才会不时闪烁出创造的思维之光。

有句话说，什么样的父母，教育出什么样的子女。因此，在努力激发女儿创造力的同时，不要忘了培养自己的创造力，使自己成为能欣赏创造力并能与孩子互动的主力。真正成功的创造力培养者，能与孩子一起学习、一起成长，能像个挚友般倾听孩子的心声，了解孩子的举止，知道何时给她掌声，从来不嘲笑，从来不气馁，没有命令和压抑。

2. 让女儿学会思考

在与女孩相处与交谈中，要经常以商量的口气进行讨论式的协商，留给女孩自己思考的余地，要给女孩提出自己想法的机会。可根据交谈内容向孩子发问，以引起孩子的思考。如，"这两者有什么关系？""你觉得怎么做会更好？""你的想法有什么根据？"

对于已上学的女孩，可采用启发式，引导女孩逐步展开思考。当女孩在想问题时，不要太热心、太性急，而应该留给她足够的思考时间。尤其不要轻易直接地把答案告诉她，孩子答错了，可用提高性的问题帮助她思考，启发她自己去发现和纠正错误。

3. 给女儿一个独立思考的机会

孔子说过："学而不思则罔。"这句话说明了学习与思考的关系，强调了思考的重要性。当女孩脑中有疑问时，便开始一连串地问"为什么"。如果正确引导，不压抑她的好奇心，女孩的求知欲必定会越来越旺，因为孩子的好奇正是探究新奇事物的开始。翻开历史，我们可以发现几乎所有的科学人才都有超出常人的强烈好奇心，如居里夫人、爱迪生、达尔文等，他们在幼年时期就有相当强烈的好奇心。

曾获国际数学奥林匹克铜牌奖及亚太数学奥林匹克银牌奖的林英豪同学，从小父母就给了他许多训练思考能力的机会。强烈的好奇心驱使他经常问个不停，林先生夫妇常针对孩子的提问，教他一些常识，从日常生活中搜集教材，通过巧妙安排，培养孩子的思考能力。通常孩子有疑问时，林先生夫妇会先让他想一想，而不是马上给他答案。偶尔遇到难解决的问题，稍一提示，孩子便想通了，如果真没办法，林先生夫妇再告诉他答案。

父母不妨经常提出些问题让孩子去解决，让他们从中多思考、探索，寻求多种途径和方法，从各种解决问题的可能方法中找出最好的答案来。

　　常常听到父母抱怨自己的孩子不爱动脑筋，不善于思考。独立思考的能力需要长期培养，应当抓住生活中一切可以利用的机会，训练女孩的思维，激发她的好奇心，让她自己思考，并养成独立思考的习惯。

只要一到大型考试，比如马上就要面临的中考，我就会很害怕。

我每次考试前都很紧张，常常睡不好觉，吃不好饭，很烦躁！

这两个女孩的情况都属于考试焦虑，就是在考试等重要场合紧张焦虑，出现一些身体或心理上的不适感，影响考试水平的发挥。

考试适度紧张有利于考试水平的发挥，女孩如果在考试时有轻微的焦虑紧张，不要有过重的心理负担。要放松心情，坦然接受它，坦然面对考试。

高情商家教思维

1. 在学习方面，你认为应该如何引导孩子？

2. 你女儿的学习目标是什么？ 为了实现这个目标，你们一起制订过短期的学习计划吗？

3. 如何帮助孩子克服困难，体验成功的快乐？

4. 如何帮助孩子摆脱常见的考试焦虑症？

5. 在学习上，孩子养成了独立思考的习惯了吗？

第八章

女孩要内外兼修

好心态是女孩健康的第一要素

马斯洛曾说："心态的改变会导致态度改变，态度的改变会导致习惯改变，习惯的改变会导致性格改变，性格的改变会导致人生改变。"由此可见，心态对人生非常重要。

心态好的女孩，性格会比较乐观开朗，洒脱自信，哪怕身处困境，也能看见光明和希望；心态不太好的女孩，性格就会比较悲观忧郁，自卑冷漠，哪怕周身阳光明媚，她感受到的也可能只是绝望和冰冷。

曾有个心态不太好的女孩这样写道：

初三，学习很紧张，假日都不能休息。但我发现，哪怕我再努力，每次考试也只能排到班中前 5 名而已，我很不满意。

看着那些小学玩伴成绩都那么优秀，我真的很怀疑自己是不是不够聪明，小学的时候我每次考试都能轻松地取得第一或第二名。开始我认为初中学习很轻松，还以为自己很聪明，但现在发现根本不是这样，老师每天给我们施加那么多压力，我每天都过得好痛苦。

学校是我的地狱，但家中更甚。开始，我觉得爸爸妈妈总是说话刺激我，而爸爸自从生意不好后，脾气也暴躁了许多，这样我变得更悲观了。另外，奶奶和妈妈关系不好，爸爸总把我当成大人，给我谈些妈妈的不足和工作上的问题。我虽想和爸爸像朋友一样相处，但爸爸并不了解，他说的话让我对生活感到紧张和悲观，我真不知如何是好。

孩子的心声引发我们思考：是什么样的生活让一个豆蔻年华的女孩变得如此悲观？这既有主观原因也有客观原因，主观原因是女孩的心态不太好，客观原因则是家庭和学校环境。

因此，家长要引导孩子战胜不良情绪，用乐观、积极的态度面对学习和生活上的困难。

我们向女孩的父母建议如下：

1. 做乐观自信、积极向上的父母

小河是个聪明的孩子，小学的时候，她的成绩一直都是班上第一名，她是父母和老师心中最优秀的孩子。可上初中后，她的成绩突然下降了很多，每次考试都在班上十名左右。小河成绩下降可能有两个原因：一是进入初中后，其他同学成绩都很好，竞争变强了；二是爸爸的公司破产了，小河从一个大小姐变成了一个穷丫头。

不过，小河父母心态很好，他们告诉女儿，钱还可以再赚，现在的困难，家里可以挺过去。

每天早晨，小河都会看见爸爸推着一辆三轮车上街卖货，碰到熟人，爸爸不但没有尴尬地低下头，反而和别人亲热地打招呼。妈妈以前爱在外面吃饭，厨艺不佳，现在也学会了做饭。即使现在饭菜简单，衣服也没有以前光鲜，但小河觉得父母活得更加快乐，这场所谓的灾难让他们更加团结、快乐、幸福。

父母乐观积极的态度感染了小河，以前她的成绩靠自己的小聪明维持着，现在她更加努力学习，从不在别人面前表现得沮丧和失落。一年后，小河的成绩突飞猛进，两次获得全年级第一名，性格也更加坚强、勇敢和自信。

父母要教会孩子怎样说话走路，更重要的是要教会孩子用什么心态面对一切。生活在积极向上的家庭中的孩子，会更加幸福快乐。有责任感和奋斗意识的父母，会对孩子产生正面的影响，让孩子成为一个具有责任感和奋斗精神的人。

2. 让女儿在一些小事上发现生活的美好

生活中很多小事都能让孩子体会到真善美的快乐享受，例如路边绽放的向日葵、救助一只流浪猫等，这些生活中不起眼的小事，往往会改变孩子对生活的态度，使她更加热爱生活。

父母可以给女儿准备一个好看的笔记本，让孩子写感恩日记。假如你的女儿已经 3 岁，可以让她在每一个节日或者家人生日的时候，为家人准备一份礼物，这份礼物不必昂贵或精致，只要表达了一份自己的心意，你就应该给予真诚的赞美。

每个月至少给孩子一天"公益日"，带她去福利院或者孤儿院做义工，让她知道和这些人相比，自己是多么幸运，她会明白自己生活中一些不顺心的事情是多么微不足道。

一碗心灵鸡汤，缓解女儿的心理压力

心理学家指出，对女孩来说，最重要的影响力来自父母。在女孩面临各种不同的心理压力时，父母应该成为优秀的心理医生。

什么会成为女孩的压力呢？从大的方面来说，种种天灾人祸都会成为心理压力的来源。从小的方面来说，一次不成功的考试，自己或家人生病，也会对心理产生意外的干扰。总体来说，4类因素会产生心理压力：生活事件、挫折、心理冲突以及对事物不合理的认知。

怎样才是一个心理健康的女孩呢？我们有如下标准：

具有良好的自我意识，能够保持自我欣赏，保持自尊、自信、自重，同时又不会因为自己的缺点而沮丧，甚至自暴自弃。

坦诚地面对现实，在和谐的人际关系中认识到真实的自己，在与人相处中，尊重多于嫉妒，信任多于怀疑，喜爱多于憎恶。

有自制力，心理平衡，情绪稳定，对外界的刺激反应适度，行为协调。

乐观向上，充满希望；热爱生活，珍爱生命。

女孩由于语言能力不强或者社会经验不足，不能妥善地处理问题，所以她们往往不能讲出内心的压力，反而使压力的影响持续不断加深，进而导致各种心理或生理问题出现。 因此，父母必须懂得如何才能减轻孩子的心理压力，让孩子重新拥有健康的身心。

1. 帮助女儿找到宣泄的"窗口"

俗话说："生气时踢石头，疼的是脚趾头。"父母绝对不能让女儿用这种方法宣泄，而是要让她找到压力的"出口"，比如运动锻炼、旅游休闲，甚至可以在泪水和笑声中排解压力，这些都是能够帮助孩子缓解心理压力的好办法。

9岁的小颖在学校和同学们关系很好，这源于她的好性格。在学校，包括老师在内都没见过她发脾气。一次，老师去小颖家进行家访，一直说小颖是一个脾气很好的学生，并称赞这位好母亲。这时，小颖的妈妈摇着头，说："老师，小颖性格这么好，总是没有什么烦恼，也不是我教导有方，而是她知道如何排解压力。"原来，小颖的爷爷奶奶住在离铁道很近的地方，小颖有压力时，就去奶奶家的阳台上，对着轰隆而过的火车大声喊叫，随着火车开过，压力也随之而去了。

虽然孩子年龄不大，但总会有烦恼和压力，一味压抑，并不能解决问题，反而会让孩子陷入更加痛苦的境地。 懂得开解自己，给心中过多的压力找到正确出口，才会有乐观豁达的人生！

2. 用聆听架起与女儿心灵沟通的"桥梁"

把孩子的话听进心里，才能想办法缓解女儿的心理压力。然而，父母并不是"录音机"，而是需要通过女儿的叙述发现她的真实感受，才能有效地帮助她。

如何聆听女儿内心真实的声音呢？ 下面我们给父母提出一些建议：

（1）父母应该知道如何做到"全神贯注"。 第一，要放下手中的事情，注视着女儿，让她表达她真实的情绪；第二，要仔细观察她的行为表现；最后，要聆听女儿正在说些什么。

（2）了解孩子的面部表情并且通过音调语速获取信息。 比如，哭泣——或许表示女儿在心理或者身体上受了伤害；扔东西——这说明她很生气、很失望；说话不流畅——也许她正在害怕或者紧张；说话速度加快——这是她紧张或者得意的表现。

（3）对女儿的话要及时反馈。 在聆听时，眼睛要看着女儿，并且要显示出自己很在意她的话，而且有兴趣了解。 注意回应女儿，比如"是的""嗯"，一定不要打断她或者随意走动，这些行为表现出你对她不够关心，不感兴趣。

（4）有效聆听，评论可以稍后发表。 一定要从孩子的角度分析问题，提出解决问题的办法。 无论女儿的想法多么离谱，父母都不能嘲笑孩子。

（5）如果女儿说得并不正确，父母也要友善地表达，比如："妈妈的意见和你不一样，我觉得……更好，你觉得呢？"

富有激情

　　"伙伴找我一起去逛街，可是我一点儿兴趣也没有，不知道为什么，我总是觉得生活没有意思，这也不想做，那也不想做。我不知道自己这到底是怎么了？"

　　很多青春期的女孩都会有这样的困惑。是啊，为什么她们会对生活中的很多事情漠不关心？为什么会觉得做什么都没有意思？

　　其实，这是因为她们的生活中缺少了激情。

　　实际生活中，我们大多有这样的经验：当在学习时偶尔看到一些东西，激起了学习的兴趣，常常就会不知疲惫地沉浸在学习的世界中；当看到一些励志的东西、积极振奋的东西，常常就会热血沸腾，斗志昂扬……

　　很多孩子常常会为这种奇怪的情绪兴奋不已，也常常会在这股情绪激励下小有所成。这就是激情，是能够赋予孩子神奇力量的金手指。

　　拥有了激情，生活当中也便会处处充满活力；拥有了激情，每时每刻都能过得充实而精彩。相反，没有激情的人，无论是在学习还是生活中，感觉到的都是索然寡味和沉闷无趣。

10～18岁的孩子正处于青春激荡的大好年华，如果在这个时期就缺少了激情，那么对于孩子今后的学习生活是非常不利的。

所以，正确认识激情，保持激情，是能够更好地学习和生活的必要条件。

1．对待激情的正确态度

（1）杜绝消极的"激情"。

在生活当中，需要让孩子明白这样一点：尽量避免一些消极的"激情"。何谓消极的"激情"？大体上有这样3种表现形式：暴力倾向、破坏行为、伤害他人。

这3种行为披着"激情"的外衣，实则是发泄不良情绪的不恰当方式。一旦被这种激情所刺激，常常就会做出一些失控的事情来，也会对生活造成不良的影响。

（2）正确释放激情。

青春期正是激情四射的时期，释放激情的方式得当，心情就能得到极大的调整，反之，则很可能会影响正常的生活。

对于青春洋溢的孩子来说，多参加一些有益的运动，多做一些她们自己喜欢的事情，就是很好地释放激情的方式。比如，可以让她和伙伴们一起打打球、游游泳、去野餐等。

（3）保持适度激情。

对某件事情充满激情本无可厚非，但是如果激情过度，则不是什么好事情。举个例子，很多女孩喜欢看小说和电影，甚至为了看小说和电影"挑灯夜战"。结果，晚上不睡觉，白天打瞌睡，影响了学习生活不说，身体健康也受到了极大的影响。

的确，满怀激情固然能极大地调动情绪，但若是激情过度，则会沉溺其中，导致思维总是处于一种高速运转和高亢的状态，进而出现思维混乱，导致生活当中出现一些不必要的失误。

2. 如何保持适度的激情

身边很多女孩曾表达过这样的苦恼："我也想对生活充满激情，可是一想到那些我解决不了的问题和那些会让我措手不及的事情，我就觉得自己一点儿劲头都没有了……"

的确，很多时候，我们并非对生活缺少激情，而是被生活中所要面对的困难吓得不敢有激情。

所以，只要能够清楚地知道自己能做什么，自己的每一天怎么过，自己如何才能顺利完成既定的任务，就能很好地激发自身的奋斗激情。父母可以通过以下方式引导孩子：

（1）我今天能解决什么问题？

大家都有这样的经验：当我们对解决一件事情有足够的信心和把握的时候，常常能够激情洋溢地去做好这件事情。

其实，想要保持适度的激情，这个原理就很适用。也可以尝试着想一想自己今天能够解决一些什么问题，把这些问题罗列出来，尽量要求自己在当天完成。设法把那些原本想留到明天才解决的问题今天就解决掉，尽量今日事今日毕。

试着这样尝试一下，你就会发现这种方法真的非常神奇。在自觉要求自己高效完成任务的时候，精神状态就能被调节到一种激情昂扬的最佳境界。

（2）我怎样过好今天？

有些人之所以没有激情，就是因为缺乏生活的目标，不知道自己每天到底该干些什么。所以，清楚自己怎样过好每一天，就是赋予自己激情的一种很好的方式。

比如说，可以安排自己今天和伙伴们来一场精彩的乒乓球比赛，可以要求自己独立完成学校的活动策划……只有知道自己每一天如何能过得充实，才能拥有不竭的动力和激情。

（3）我现在就开始行动？

想好了自己每天的目标，知道自己能够解决哪些问题，那么请立即行动。

当在行动中体会到了将想法付诸实际的快乐，就能将这种带来快乐的激情保持下去。

（4）我怎样才能充满活力？

激情和活力几乎是不分家的。想要保持激情，就必须先让自己充满活力。如何充满活力呢？

如果对某件事情充满好奇，如果对某件事情跃跃欲试，那么放开手去尝试一下吧！在探索和追寻的过程中，也许就会有意想不到的发现，也许就能体味到创新和灵感带给你的惊喜和快乐，进而迸发出积极的活力和激情。

很多时候，我们并非真的没有生活的激情，只是对自己没有一个准确的定位，不知道自己每天该做什么，能做什么。生活没有目标，相应地也就没有了激情。

积极上进

"妈妈总是说我容易满足，不求上进，真是被她烦死了。我真不明白，容易满足有什么不好，活得既轻松又快乐，也不用像有的人似的的活得那么累……"

你的女儿是否也会有这种抱怨？

和身边很多女孩接触时，能听到这样的声音：

"我现在不是挺好吗？追求那么高的分数干吗？"

"有吃有喝就够了，我为什么要那么辛苦地工作呢？"

"很多人都说我不思进取，取得一点儿小成绩就沾沾自喜。我看是她们不懂得生活才对！"

有的女孩似乎总是很容易满足，也容易滋生惰性，变得不思进取。

一位老师就曾经这样说过：在我的班上，那些成绩总是在原地徘徊的，大多是一些女孩子。就拿我班上一位中等生为例，每次她都是考八十几分。其实，只要她稍微努努力就能很轻松地跨进优秀生的行列。为此，我也曾说过她，但她却这样告诉我：反正我现在的成绩也足够我考上高中，我那么努力干嘛！

成绩足够自己升入高中，就不需要努力了吗？考上高中固然是好，但如果能够考上更好的高中岂不是更好？

俗话说："人往高处走，水往低处流。"只有心里有着一份更高的追求，在前进的道路上，才会取得更高的成就，才能为赢得成功奠定良好的心理基础。

这份追求更高成就的心情，就是上进心。

人需要上进心，人应有上进心；人不甘平庸，人不愿落后；人敢于挑战，人勇于攀登，这是一种非常自然的现象。也只有有了上进心，才会不断地前进，不断地进步，才能赢得更加美好和辉煌的未来。

1. 让女儿和身边优秀的人比一比，激发上进心

曾有女孩问过我，如何才能让自己具有强烈的上进心。其实，这个问题很简单，多和身边优秀的人比一比，找出自己和她们之间的差距，试着慢慢去缩小这种差距。为了超越他人而不断努力的时候，上进心也就自然而然地产生了。

一位尝试过这个方法的女孩这样感慨：

> 我以前真不知道和别人竞争是这么有意思的一件事情。每当我铆足了劲儿追赶一些比我优秀的人时，我就觉得似乎浑身有用不完的力量，我就觉得有一种魔力在驱使着我不懈地超越。当我超过设定的对手时，我常常会觉得非常欣慰和开心，想要和他人一较高下的心情也就更浓了。

良性的竞争，正是激发上进的最大助推器。在学习生活当中，设定一个明确的竞争对手。当你为了超越这个对手不

懈地去努力时，你就会发现这个超越的过程是如此美丽和精彩。

当然，在设定竞争对手的时候，要告诉女儿这样一点：在一开始和别人比较的时候，设定的对手一定不能太强，以免付出巨大的努力却无法超越后滋生挫败情绪，影响积极性。

2. 让女儿和昨天的自己比一比

有时候，如果每天都要求自己比以前的自己强一点儿，那么，对孩子来说也就是上进。

一位被大家公认为很上进的女生这样说：

> 很多人都说我很上进，问我怎么样才能保持不竭的上进心。其实，我只是每天都要求自己进步一点点罢了。每天要求自己进步一点点，是一件很容易的事，难就难在并不是所有的人都能坚持下来。
>
> 很幸运的是，我坚持了下来。每天我都会这样问自己：你收获了什么？你今天进步了没有？
>
> 一直这样给自己敲敲警钟，我也就一直没有放松过。所以，才能像大家所看到的那样，我总是有那么强的上进心，总是要求自己进步。

的确，人最怕的就是故步自封、停滞不前，如果自己不要求自己追求进步，那么，就会在安逸的生活中，渐渐变得没有任何竞争力，直至被社会淘汰。所以，时刻要求自己进步，告诉自己每天和昨天的自己比一比，每天进步一点儿，就能很好地促使自己不断地上进。

呵护自尊

"我周围的同学都有很好的家世，她们讲究生活的情调，穿名牌衣服，出入高档的会所。可是我的家庭条件并不好，和她们在一起，经常会觉得自己低人一等。她们傲慢无礼的态度，也常常会刺伤我的自尊心……"

的确，当孩子的年龄到一定阶段后，自我意识开始急剧提升，在学习生活当中难免会碰到一些让自己感到不愉快的事情，伤害到极其敏感的自尊。

面对这种情况，她们常常会为难不已：不去理会别人，自己心里咽不下这口气；和别人争执，又会让心中更加气愤和抑郁。

所以，对这一时期的女孩来说，知道如何正确看待自尊，如何正确呵护自尊，是家长必须教给她们的一课。

1.关于自尊的几种解释

（1）自尊是一种心态。大多数大学新生都有这样的体会：在高中时，她们每个人都是很聪明的；可是上了大学后，她们却发现自己原来并不是那么出类拔萃，只不过是平常人而已。

对于自尊来说，也是如此。 在和不如自己的人比较中，常常会产生一种优越感和自豪感，觉得自己的自尊心得到了极大的满足；在和比自己强的人比较中，常常又会产生一种挫败感，觉得自己的自尊心受到了极大的伤害。

其实，归根结底，自尊衍生在比较之中，就是自己看待自己的一种心态。 它首先表现为自我尊重和自我爱护。

这就需要具备极佳的心理状态，胜不骄败不馁。 面对比自己强的人不要自卑，面对比自己差的人也不要自傲。

摆正自己的心态，就能够正视生活中自尊被伤害的局面，淡定、谦和地面对生活中的种种不如意。 自尊者，人必尊之。

（2）自尊不等于自大。 有这样一类人，她们或许很成功、很受欢迎、很自信，她们甚至觉得自己是完美无缺、无懈可击的。 正因为如此，她们常常会表现得骄傲自大，目中无人，一旦有人触犯了她们的"自尊光环"，就会遭到她们强烈的反击。

这种自尊，显然是不健康的，没有理解自尊的真正内涵。

自尊并不等于自大。 过分陶醉在自己美好幻想之中的人，也就听不得批评和建议，在个人发展的道路上也就很难再取得突破和提升。

真正自尊的人，既不会把自己的成绩当成炫耀的资本，也不会因为成绩出众而趾高气扬。

自尊是一种涵养，不关乎成绩的高低和地位的贵贱。

2.如何呵护自尊

（1）对自己进行积极肯定，建立正确的价值观。 自尊，首先就是自己对自己的尊重。只有自己看得起自己，自己肯定自己，才能激发内心对胜利和成功的渴望，要求自己更加自立自强。

比如，如果自己不善于在公众场合讲话，内心一直强调这个不足，就会对在公众场合讲话更加畏惧，认为自己很没用，进而产生自卑。但是，如果换一种思维呢？可以这样想："到目前为止，我对于在公众场合讲话还存在一点儿困难，不过，我想这点儿困难很快就可以被我克服了。"当这样不断肯定自己时，就能发现自身微妙的变化：会在逐渐的改变中，赢得别人的尊重。

（2）不要贬低任何人，包括自己。最明智的方式就是多看看别人的优点，试着去肯定别人，表扬别人。这样做的时候，会发现，对别人的鼓励和赞美越多，贬低和攻击越少，那么，不仅会改善自己周围的环境，还会让别人更喜欢自己了。自尊自爱意识，也会在这个过程中得到进一步的增强。

（3）适应压力。有时候会觉得自尊心受到了伤害，很大一部分原因就在于，外部给予的压力。比如说，身边的同伴可能会嘲笑自己穿衣服太老土、说话声音不好听、笑声太刺耳等；老师可能会批评自己学习不上进、成绩没有某某同学好等。

面对同辈、长辈给予的压力，自尊心很容易就会受到伤害。适应压力，正确处理这些压力，就是呵护自尊必须要具备的能力。

端正自己的是非观。对于确实是自己的问题，尽力改正；对于不是自己可以左右的问题，也无须介怀。如果能做到这些，也就能很好地呵护自尊心。

（4）适当让步，并无不可。 和别人发生冲突的时候，并不一定非得坚持自己的观点或者一定要赢了别人，才是在维护自己的自尊。 有时候，适当的让步，更能够赢得别人的信赖和尊重。

一位教师的经历恰恰可以说明这一点，以下是她的自述：

一次数学测验过后，一位学生愤愤不平地找到我，说有一道题我判卷有误。当着办公室那么多老师的面承认自己错判了学生的卷子，这无疑是对我专业水平的质疑，但是，若是就这样把学生打发回去，学生也难免会不服。

在和那位学生仔细讨论了那道题所有的解法之后，我发现，我确实错判了。

面对自己的失误，我向学生表达了我的歉意，承认是我错判了她的卷子。

没想到，这不仅没有让我在学生面前失去老师的威信，反而为我赢得了虚怀若谷的美誉。

的确，当处于某种争执当中的时候，不见得坚持己见就是维护了自己的自尊。 有时候适当地让步，更能够彰显个人的品质，更能赢得别人的尊重。

成功的必备要素

"我最近和同学们搞了一个小发明，如果成功的话，我们几个人都能拿到学校的奖学金。但是，到了最后关头，因为一个小小的环节失误，我们前功尽弃了……为什么别人总是那么轻易就能赢得成功，而对我来说，成功就这么困难呢？"

不错，一些优秀出众的人，她们总是能够轻易地摘取成功的桂冠，总是能够轻易地取得让人艳羡的成绩。和这些人比起来，成功好像在和大部分人捉迷藏，让人很难抓住它的影子。

一位女孩就曾经这样苦恼地说：

> 我想像我的表姐一样成为一名出色的服装设计师，为了达到这个目标，在上中学的时候，我就买了很多服装设计方面的图书来读。但是，尽管我付出了这么多，我的服装设计仍然学得不好……我想要取得表姐那样的成绩似乎也是在痴人说梦而已……

的确，很多有上进心的孩子对成功总是有着极度的向往和渴望。有着追求成功的信念固然是好，但若是不懂得如何赢得成功，也就难免会像例子中的女孩一样遭遇到挫折和失败的打击。

人人都有追求成功的权利，但是却不一定每个人都能赢得成功。就像在日常生活中所看到的那样，身边有些人终日忙忙碌碌、终日行色匆匆，但是，一旦问及她收获了什么，她往往就会很迷茫。

在成功的道路上不能只是一个劲儿地往前冲，更需要不时停下来总结经验和教训。只有懂得停下来总结经验，才能在成功的道路上少走弯路，才能走得更加顺畅。

下面是专家对成功人士的总结，得出了这样几项成功必备的要素：

1. 明确合理的目标

曾看过这样一个寓言故事，至今想起仍是记忆犹新：

一个枪法极好的老猎人教 3 个儿子打猎。来到森林后，老猎人问大儿子："你看到了什么？"

大儿子回答："我看到了蓝天、白云、树林、父亲、弟弟和草丛里的兔子。"

老猎人没有说话，接着问二儿子："你看到了什么？"

二儿子回答："父亲、哥哥、弟弟和草丛的兔子。"

老猎人还是什么都没说，接着问三儿子："你看到了什么？"

三儿子眼睛望着远处的草丛，神情有些激动地说："一只肥肥的兔子！"

老猎人这才露出欣慰的笑，感慨一声："想要学到一身打猎的本事，你们就要学会锁定目标，除了目标之外，其他任何外物都不能让你们分神。"

其实，追求成功和打猎在某种程度上有着非常惊人的相似之处，那就是明确目标。追求成功的路上若是没有明确合理的目标，就会像打猎找不到猎物一样，会变得无的放矢，茫茫然做出许多努力，到最后也不过是做无用功罢了。

制订明确的目标，确保目标是合理可行的，然后，一步一步去践行自己的目标，你就会慢慢发现，成功其实离你并不遥远。

2. 循序渐进的计划

做事有一定的计划，才不会迷失自己的方向，才不会浪费时间和精力。生活中有很多不能赢得成功的人，并不是因为目标不明确，也不是因为努力不够，而是因为做事没有效率，多做了很多无用功。

所以，确立自己的目标之后，制订一个切实可行的计划，循序渐进地接近自己的目标是赢得成功的必要前提。

3. 坚忍不拔的意志

苏轼《晁错论》中有这样一句话："古之立大事者，不唯有超世之才，亦必有坚忍不拔之志。"意思是说，自古能成就伟大功绩的人，不只是有超凡的才能，也一定有坚忍不拔的意志。

这一点其实很好理解，如果我们做一件事情，三天打鱼，两天晒网，想要赢得成功也就是非常困难的事情。

认定了目标，并且目标是合理的，计划是可行的，那么，就要有全力以赴、不达目的不罢休的斗志和勇气。相信，如果能有这样的意志，就没有什么事情是做不到的。

4. 沟通协作的能力

人是社会的个体，做每一件事情都脱离不开社会这个群体，所以，具备较强的沟通和协作能力，在追求成功的道路上就显得至关重要。

当在奋斗的道路上遇到了困难和麻烦，当自己的能力不足以应付这些问题的时候，从身边的人身上借助一下力量，借鉴一下经验，当群策群力爆发出智慧的火花，或许就能豁然开朗，重新充满奋斗的激情。

5. 端正的态度

有人说："态度决定成败。"对待一件事情是认真负责还是拖沓敷衍，就决定了做事效率的高低和成功概率的大小。

所以，如果想要赢得成功，端正态度、认真走好成功路上的每一步就是关键。

6. 善于从失败中总结经验

没有人能够一开始就赢得成功，每一个人成功的背后，都要付出一些"学费"：或者是吃过一两次亏，或者是栽过几次跟头。在失败和挫折的磨砺下，才能吸取更加深刻的教训，才能积累更加实用的经验，为赢得成功奠定一定的经验基础。

摆脱消极心态

"为什么生活中总是有那么多的不尽如人意？ 学习压力大，朋友间总会有误会，向妈妈要求去一次游乐场都是那么不容易……"

前段时间去朋友家做客，看到朋友的女儿一脸闷闷不乐。对此，我很是不解：朋友的女儿不过才十几岁，怎么会表现得这么沉闷？

和这个女孩聊天的过程中，我了解到，因为刚刚搬到新家的缘故，女孩跟邻居们的孩子都不熟，每次看到别的孩子在楼底下玩得热火朝天，她都会非常羡慕。

当我问及她为什么不和这些小伙伴一起玩时，她这样回答我："我害怕她们不接受我，我害怕她们排斥我、欺负我……"

还没有和别人接触，就对与人接触有这么大的担忧和恐惧，朋友的女儿会表现得闷闷不乐也就在情理之中了。

现实生活中，和朋友的女儿一样用消极的心态看待周围事物的人并不少。 她们常常觉得生活缺少欢乐，或生活环境很压抑。 她们做事往往会担心这个担心那个，惶惶不安。

在这种心情的影响下，也就很难体会到生活的美好。

其实，孩子会有这样的表现，究其根本就是心态出现了问题。

一个人一旦被这种消极的心态所困扰，就会给生活和身心健康带来极大的负面影响，不仅不利于今后的发展，更可能变得消极悲观。

所以，树立正确的生活态度，远离消极的心态对孩子们来说，就显得非常有必要。

1. 找出消极心态产生的原因

所谓"初生牛犊不怕虎"，每个人在刚开始去做某事的时候，都不可能一下子就消极悲观起来。消极悲观的人或多或少总会有一些相似的经历。

那么，产生消极心态的原因都有哪些呢？

（1）过去失败的经历。一位生活态度消极的女孩曾这样说道：

> 我的成绩很不好，不管是老师还是同学都不喜欢我。我也曾为了把学习赶上去好好努力过，曾经一度也追着老师问问题，可是，老师讲很多遍，我依然听不明白。看着老师的耐心一点点地消失，我再不敢问老师问题。因为成绩不好，我还被同学们嘲笑过。为此，我不敢和同学们接触，不敢和同学们一起玩，害怕被她们奚落……失败的经历就像是不断扩散的阴霾。只要一想到这些经历，我就会灰心丧气，觉得自己一无是处。在这些失败经历的影响下，我无论做什么都会没有信心。

在这种情况下，要教育孩子切断和过去失败经验的所有关系，消除脑海中的那些与积极心态背道而驰的所有不良因素，这是摆脱消极心态必须要做的事。

（2）打倒自己的，不是挫折，是心态。很多时候，孩子们之所以会觉得自己不行，觉得生活太过压抑，不是她们所面临的问题有多么严重，而是她们的心态出现了问题，是她们看待问题的角度太过消极和偏激。

想要克服消极的心态，可以尝试着换一个角度去看待问题。

这让我想起一个颇为经典的故事：

有一位老太太，她有两个女儿。大女儿家是卖伞的，小女儿家是卖鞋的。每当艳阳高照，老太太就为大女儿家发愁——伞卖不掉；而当阴雨连绵，她又担心小女儿家的生意无法开张。所以，她整天生活在郁郁寡欢之中。

一位智者对这位老太太说："我有办法能让你天天开心，但是你必须按我说的去做。"

"那我怎样做才能开心呢？"

"很简单，只要调整一下你意念的焦点就行了。"智者停顿了一下，接着说，"你何不这样想呢？每当艳阳高照，你的小女儿就会卖出很多鞋子，你应该高兴才对呀！每当阴雨连绵，你大女儿就会卖出很多伞，你也应当高兴才对呀！"

老太太恍然大悟，诚恳而又高兴地接受了智者的建议，从此每天都开开心心地生活了。

生活中重要的是自己的态度！有些事情无法改变，有些人无法改变，学习、工作、生活的环境可能也无法改变。既然无法改变现实，那何不从现实中去发现积极的一面呢？转变一下态度，看到的将会是一片艳阳天。

2. 远离消极心态，该怎么做

（1）相信自己。

在和一些女孩聊天的过程中，我了解到，她们之所以会有消极的情绪，大多是因为对自己的能力不够自信。

因为不够自信，所以不敢放手去做一些事情；因为不够自信，所以不相信自己解决问题的能力。

想要远离消极的心态，就先要相信自己的能力，相信自己是唯一可靠的人，相信自己能够处理生活中所遇到的麻烦和问题。

当能够在心底坚信自己的实力时，也就能够积极地去面对困难和挑战。

（2）集中精力做自己想做的事，不要胡思乱想。

有些人沮丧失望，消极悲观，不是自己不具备处理问题的能力，而是顾虑太多，精力不能集中到自己所要做的事情上。

所以，当想要做某事的时候，集中精力去做好某件事，不要胡思乱想，就是很好地养成积极心态、远离消极心态的途径。

一个人一旦被消极的心态所困扰，就会给生活和身心健康带来极大的负面影响。

切断和过去失败经验的所有关系，是摆脱消极心态必须要做的事。

锻炼领导才能

"前段时间，班上搞了一个夏令营。我平时在班上表现一直不错，因此被老师指定为活动负责人。但是，却遭遇了这样的情况：我让小明去做那个，小明不肯；让小娟去做这个，小娟也不肯……本来大家应该玩得很痛快的夏令营，因为大家的不配合搞得一团糟……"

提起领导才能，相信很多女孩会大皱眉头："让我去指挥那么多的人，我可指挥不来。"

的确，相比于男孩，女孩对于做头儿、做领导似乎并不热衷。从小时候做游戏喜欢做别人的小跟班儿，到上学后喜欢听从老师和家长的安排……女孩好像已经习惯了被安排、被指挥。

在这种长期"被"的影响下，女孩也就忽略了对自己领导能力的培养。

然而，生活总是充满着变数，她们也可能被推到领导的位置上。比如说，学校的一些活动要求她们来组织，工作上的一些事情需要她们来安排，老朋友聚会需要她们来张罗……

这个时候，缺乏领导才能的弊端就会清晰地显现出来，给她们带来很多麻烦和困扰：或者是她们的能力不足以服众，别人不听从她们的安排；或者是因为她们太过紧张而严肃呆板，让人不敢亲近……

当一个个问题接踵出现的时候，当孩子不知道该怎么办的时候，如何帮孩子走出困境呢？

1. 用能力赢得别人的尊重

在和身边的女孩交谈的过程中，经常能够听到女孩这样的抱怨：

"为什么别人总是怀疑我的能力，仿佛我就是不能干好这些事情似的！"

"她们总是说我仗着自己'有权'瞎指挥，一点儿都不相信我能把事情安排得很好……"

面对质疑的声音，面对怀疑的眼光，她们感觉很委屈，感觉很愤怒，觉得自己就像是一个"光杆司令"，调不动任何人，得不到别人的信任。在这样的境况下，她们常常就会觉得无助，觉得自己受到了轻视，甚至很可能会为此暴躁不安。但是，暴躁或者愤怒能够赢得别人的信任吗？显然不能。

既然明白这一点，那么，就应该让孩子清楚：做领导时，要懂得用事实证明自己的能力，进而赢得别人的尊重。事实是最有力的证明，做出样子来，让别人看到自己的实力，比色厉内荏地佯装强势更具说服力。

2. 一定要有亲和力

在实际生活中，有这样一类女孩，她们并非没有领导能力，也并非不能解决问题，然而，一旦她们坐到了领导的位置，依然会有人不服气或者不配合，这又是因为什么呢？

有人曾对此做过一番调查，结果发现，问题出在这类女孩在发挥领导权力的时候，太过刻板和冷漠，给人的感觉就像是高高在上发号施令的女王。

不能否认，即便一个人很有能力，但如果在与人合作的过程中总是颐指气使，也就没有人会喜欢她，没有人会发自内心地听从她的安排和指挥。

想要成为一名出色的领导者，具备一定的亲和力是非常必要的条件。

优秀的领导者总是能够自然而然地散发出领导魅力，她们本身所具备的亲和力，常常能够让人不自觉地被她们吸引，为她们的风采所折服，聚集在她们的周围。

如果用心观察一些成功的领导者，就能发现这样一些共同之处：

她们身处领导之位，但从不自恃身份随便呵斥他人；

她们才能出众，但是依然能够虚怀若谷，谦虚接纳他人的意见；

她们待人温和，不会因为自己处在领导的位置就趾高气扬；

她们善于沟通，总是能够很好地了解别人的情绪和心理。

这些共同的气质特征，使得她们更具人格魅力，让别人更愿意和她们亲近，更愿意听从她们的指挥和安排，更愿意团结在她们的四周。

可以这样说，很多时候，一个领导者是否具备亲和力，也就决定了这个领导是否能够受到大家的欢迎和支持。

3. 能够知人善任，团结身边人

在一次学生联谊会上，我看到了一出精彩的表演。听着主持人妙语连珠，看着同学们激情洋溢，望着布置得美轮美奂的舞台，我深深地叹服于这次联谊会组织者统筹全局的能力。

联谊会后，我特意找到了这次联谊会的组织者，让我想不到的是，能够将这次联谊会组织得这么完美的人，居然只是一名15岁的女生。

当我问及她是如何把活动策划得如此精彩时，她笑着说：

如果只靠我自己的力量，联谊会想要取得成功是不大可能的。联谊会之所以能够办得这么精彩，是因为我把适当的人，放到了适当的位置上，让他们自主发挥而已。要说功劳，其实都是大家的，我只是在一边动了动嘴皮子……

听着女孩说完这些，我想到了很多。如何才算是一个优秀的领导者？能够知人善任，绝对是非常重要的一条。

韩愈《马说》里面有这样一句话："千里马常有，而伯乐不常有。"拥有伯乐之才，能够慧眼识人，了解什么人适合做什么事情，能够把他们放在合适的位置，不仅能够轻松许多，还能取得很好的结果。

4. 要有责任感

作为一名领导者，必须要有一定的责任感。

为什么这么说呢？ 其实很好理解。 如果作为一名领导者，没有一定的责任感，所带领的团队会成为什么样子，也就不难想象了。

一位女孩就曾这样总结自己惨痛的教训：

刚升入高中的时候，因为我成绩最好，老师安排我做了班长。一个周五的下午，老师布置给我一个任务：让我在周六带着同学们去公园里面观察，每个人回来后都要交一篇观察日记。当时我没有多想，一口就应承了下来。可是，我跟同学们一说，很多同学都说自己周末没时间……望着同学们一个个都不配合，我懵了，这可怎么办呢？

这个时候不知是谁出了这样一个主意：反正就是交一篇观察日记，大家各自行动呗！

我想了想，觉得也是这个道理，就同意了大家的想法。

到周一交观察日记的时候，很多同学都没有交上来。

望着大家支支吾吾的样子，老师向我询问原因。我红着脸，说不出话了。

这次事后，老师不再给我安排什么任务了，有事就会找学习委员、副班长。

的确，如果作为领导者无视自己身上的责任，那么把事情办砸，失去别人的信任，也就是预料之中的事情。

这样的人，即使能够做到领导者的位置，也难以带领好一支团队，难以做出大的成就。

　　明白了这些，我们在培养孩子领导才能的时候，就要注意，教育她们无论在什么样的情况下，都不能忘掉自己身上的责任。只有肩负着责任，才能激发自己的潜能，主动去做好每一件事情；只有肩负着责任，才能不断地要求自己追求卓越；只有肩负着责任，才能有信心在面对问题和困难的时候一往无前地坚持下去。

美丽形象是女孩的资本

古代哲人穆格发曾说："美丽生活的代言人是良好的形象，是我们走向更高阶梯的扶手，是进入爱的神圣殿堂的敲门砖。"

同样是女孩子，有的人就魅力四射、人见人爱，有的人却孤芳自赏；有的人能活出精彩的自我，有的人却怨天尤人。同样的人生，为什么却有着完全不同的境遇呢？

经验告诉我们，一个注重自身形象、展现美丽的女孩，往往能得到别人的信任，也容易在逆境中得到帮助。所以说，良好的形象是女孩一生的资本，可以为日常生活增添色彩，有助于提升魅力和感染力。

女孩的形象，无论好坏，都有独特的影响力。因此，形象是女孩展示自我的窗口，是自我的宣传广告，是向别人递上的名片。别人也会从感官印象来确定对她们的第一感觉，这个印象被她们的态度和行为影响着。

有这样一句话："形象是女人的招牌，坏形象会毁了女人一生，而提升女人魅力的方式就是好形象。"不少女孩为了追求成功而只注重能力的培养，却忽略了塑造一个良好的自我形象，从而使自己的发展受到影响。 如果她们静下心来，认真地打造自己的美好形象，那就是打造了一块能够让自己从容地经营人生、成就人生的金字招牌。

高情商家教思维

1. 如何培养一个心理健康的女儿？

   _____

   _____

   _____

2. 在你心目中，心理健康都有哪些标准，你是如何帮助女儿
   去实现的？

   _____

   _____

   _____

3. 如何保持女孩适度的激情？

   _____

   _____

   _____

4. 如何培养一名积极上进的女儿？

   _____

   _____

   _____

5. 如何培养一名有追求、有自尊的女儿？

   _____

   _____

   _____

   _____